아침달 첫 시집
보도자료 모음집

첫선

일러두기

- 이 책은 아침달에서 펴낸 첫 시집을 대상으로 편집자 송승언, 서윤후, 정채영, 이기리가 작성한 보도자료를 출간일 역순으로 엮은 것입니다. 본문 일부를 발췌해 소개하는 부분을 제외하고 수록했습니다.
- 책 소개는 출판사 서평을 요약하는 부분으로 일부 내용이 중복될 수 있습니다.
- 발문은 시집에 수록된 내용을 일부 발췌하였습니다.

아침달
첫 시집
보도자료
모음집

첫 선,

© 아침달, 2025
ISBN 979-11-94324-50-8 03810

첫선,
아침달

—느리고 단단한 보폭으로 걸어온 길(2016-2025)

시작을 함께하는 시작

'아침달'은 디자인수다의 출판 브랜드로, 손문경 대표가 어릴 적 할아버지 손을 잡고 본 아침달에 대한 어린 시절의 따뜻한 기억으로부터 그 이름을 시작하게 되었다. 희미해서 힘없어 보이지만 투명하게 그 자리를 지키고 서 있는 모습이 마음에 오래 남아, 그 의미를 더하여 지금의 '아침달'이란 이름을 짓게 되었다.

    2016년 '시화(詩_化/話)'하는 일상의 모든 순간에 귀 기울이는 시 전문 잡지 《일상시화》 0호를 펴내며 본격적으로 출판을 시작했다. 《일상시화》는 2016년 6월 29일부터 7월 7일까지 크라우드펀딩을 통해 성공적으로 독자를 유치했으며, 권두시 꼭지 '자장노래'에 시인 최승자의 신작을 수록하고 기존 문예지의 형식에서 탈피하는 등 실속 있고 주목되는 구성으로 내용적 측면에서도 큰 주목을 받았다. 이에 힘입어 2018년에는 '아침달 시집'을 출범하게 된다. 지금의 아침달을 있게 만든 정체성이라고 해도 과언이 아니다. 아침달 시집은 기존 등단 제도와 긴밀히 연결된 시집 출간의 생태계에 새로운 대안으로 등장했다. 비등단 신인의 원고를 투고받아 발굴하고, 출간 과정에서 시인 큐레이터와의 내밀한 협업을 통해, 준비된 창작자를 소개하는 교두보 역할을 시작한 셈이다. 아침달 시집은 2018년 9월 16일 발행일자를 기준으로 1번부터 9번까지 총 9권을 동시 출간했다. 비등단 신인(이호준)과 기성 신인의 첫 시집(육호수), 왕성하게 활동하고 있는 시인들의 신작 시집(김소연, 오은, 유진목, 서윤후)과 아쉽게 절판되었다가 개정을 거친 복간본(김언, 유형진, 유희경)을 꾸려 동시에 출간한다. 아홉 권을 한꺼번에 출간하는 새로운 전략으로 기존 시 독자들에게 '아침달'이라는 인상을 단숨에 각인시키기도 했다. "시의 지평을 넓히려는 시도", "아침달의 가장 큰 성과는 새로운 시집 출판 방식을 개척한 것"(「기성 시인과 신인의 콜라보… 독립 출판사 '아침달'의 성공 비결은?」, 동아일보, 2019년 7월 8일) 이라는 평가를 받으며 유의미한 시작을 이루었다고 말할 수 있다. 특히 이 과정에서는 2023년까지 편집장으로 근무한 시인 송승언과 큐레이터로 활약한 시인 김소연, 김언, 유계영의 역할이 무척 중요했다. 이들은 투고된 작품을 검토하고, 출간 여부를 결정하는

여는 글
첫선, 아침달

일에 그치지 않았다. 아침달 시집이 꾸려지는 전반적인 일에 세세히 관여하며 다양한 시선과 다양한 시각을 교차하여 지금의 아침달 색깔을 이룰 수 있게 된 것이다. 이후 큐레이션 제도를 거쳐 출간하게 된 조해주, 윤유나, 김선오 등의 첫 시집은 2020년대 한국 시단에서 중요하게 평가되는 시집으로 회자되고 있으며, 이후에도 왕성하게 창작 활동을 이어나가고 있다.

함께 오를 계단 쌓기

아침달이 시집 출간과 함께 독자들의 주목을 받았던 것은, 2019년에 출간한 앤솔러지 『나 개 있음에 감사하오』에 대한 열렬한 반응 덕분이었다. 동물권에 대한 새로운 인식과 환기가 요구될 무렵, 비인간 존재와 공존하는 방식에 대한 문학적 대답이 될 수 있는 책으로 평가되었다. 시인들과 반려견의 끈끈한 우정, 사랑을 다룬 시와 짤막한 산문이 독자들로 하여금 문학성과 감동을 동시에 인정받으며, 아침달과 함께 떠올리게 되는 중요한 출간 도서로 자리매김하였다. 이후 출간된 후속작 격의 냥냥이 시집 『그대 고양이는 다정할게요』

역시, 전작의 화제성을 이어가며 아침달을 상징하는 중요한 앤솔러지로 그 이름을 나란히 하고 있다.

아침달 시집은 신인 발굴의 새로운 대안점으로 주목받으면서도 대산문학상(오은, 『나는 이름이 있었다』), 구상시문학상(유계영, 『지금부터는 나의 입장』), 김광협문학상(이은규, 『무해한 복숭아』) 등의 수상작을 배출하며 문학 현장에서도 주목함과 동시에 시 독자들의 단단한 지지를 받고 있다.

2022년 10월 28일에는 서울 마포구 동교동에서 5년 동안 함께한 큐레이터 김소연, 김언, 유계영 시인의 송별회 '아침달 한마음 잔치'가 열리며, 많은 시인의 축하 속에서 유종의 미를 거두게 되었다. 이후 투고를 잠정적으로 중단하였다가, 2023년 9월부터 새로운 큐레이터로 한국 시의 중요한 목소리로 자리매김한 시인 정한아, 박소란이 새롭게 합류했다. 기존의 색깔을 고수하면서도 새로운 색감을 더하는 시선으로 원고를 발굴하고 출간까지 적극적으로 돕고 있다. 2018년부터 이어진 시집 원고 투고는 잠깐 중단된 몇 개월을 제외하고, 2025년 6월 현재까지 약 828건에 다다른다.

40편 내외의 투고작품 수를 염두에 두었을 때 약 33,120편의
시가 아침달을 거쳐 간 셈이다. 그 과정 속에서 시인 조해주,
김선오, 이제재, 박규현, 고민형, 김도, 신수형, 숙희, 나혜, 기원석,
이새해, 윤초롬까지 등단 제도를 거치지 않더라도, 한 세계를
충분히 보여줄 수 있는 역량과 분량의 시가 준비된 신인들을
적극적으로 발굴해 소개했다. 이후 등단 여부와 관계없이
시집 원고 단위로 투고 받는 출판문화를 확장하는 데 중요한
기폭제 역할을 했다.

일상을 아름답게 가꾸는 책

아침달은 시집을 통해 한국 문학의 근간을 삼으면서도,
일상을 아름답게 가꿀 수 있는 산문집, 그림에세이, 사진산문,
앤솔러지 등 장르를 넘나들며 다채롭게 출간을 이어오고 있다.
출판 장르의 스펙트럼을 서서히 넓혀가는 데 중요한 역할을
한 책들이 있다. 공연예술비평가 목정원의 첫 산문집
『모국어는 차라리 침묵』은 출간과 동시에 이례적인 주목을
받으며, 독자들의 호평을 이끌어냈다. 우수출판콘텐츠

선정작이기도 한 이 작품은 아름다움을 변호하는 작가가 무대와 무대 바깥에서 연결되는 비극을 처연하고도 선명한 언어로 이야기하며 많은 사랑을 받아오고 있다. 또한, 아침달에서 새롭게 선보인 쩡찌 그림에세이 『땅콩일기』는 기존 인스타툰, 그림에세이 등이 지닌 가볍고 휘발되는 콘텐츠와 확연히 다른 문학적인 면모와 밀도를 통해 마니아 층을 양산하기도 했다. 현재 3권까지 연속적으로 출간되었으며 4권으로 완결될 예정이다. 또한, 일러스트레이터 엄주의 그림책, 김성라, 박공원의 그림에세이 또한 일러스트가 가지고 있던 아름다운 상상력과 설득력, 문학적 시선으로 겹쳐 보여주는 일상의 아름다움으로 독자들의 신선한 호평을 받기도 했다.

　사진작가로서 동시대를 호흡하고, 고통과 회복의 순환 속에서 끊임없이 렌즈를 겨누는 이옥토 사진산문과 황예지 산문집 또한 독자들에게 깊은 인상을 남기기도 했다. 사진 예술 안에서 방황과 갈등의 기로에 놓였던 두 젊은 사진작가의 이야기는 어떤 문학보다도 현실적이고 구체적으로 그려졌기 때문이다. 이밖에도 시의 문법으로 아름답고 수려한 산문을

여는 글
첫선, 아침달

선보인 시인 유희경, 이규리, 조은, 이수명, 김언, 김선오,
김승일, 이유운의 산문집, 독서기록으로 정평이 나 있는 유튜버
하루의 첫 산문집, 한자에 대한 염결한 사랑을 『한자 줍기』와
『시가 된 미래에서』 두 권의 책으로 수놓은 한문학자
최다정의 산문집 또한 아침달을 이야기할 때 빼놓을 수 없는
책이다. 세상에 새롭게 소개한 아침달 출간 도서는
매년 문학나눔 우수도서로 호명되며, 더 다양한 곳에서
귀한 독자들을 만나오고 있다.

연결된 감각, 읽기 공동체의 새 이름

아침달은 독자와 다양한 방식으로 만나왔다. 2023년까지
서울 마포구 연남동에서 운영했던 '아침달 북스토어'는
문학을 체험할 수 있는 공간을 추구하며 운영되어 왔다.
특히 2019년 9월 29일에 열린 '릴레이 낭독회'는 국내에서
유례없는 최다 시간 동안(10시간) 최다 인원(24명) 출연의
낭독회였다. 아침달에서 시집을 출간했거나 출간 예정인
시인들이 낮 12시부터 밤 10시까지 5부 구성의 낭독으로

꽉 채웠다. 시를 매개로 시인과 독자, 공간이 삼위일체되는
귀한 경험을 나눈 시간이었다. 또한 '아침달 북스토어'는
신간 낭독회, 북토크뿐만 아니라 북스토어 회원을
기점으로 소규모 모집했던 아침달 북클럽을 시초로 한다.
이후 2023년부터 본격적으로 북클럽 회원을 모집하여
2025년 현재까지 선택 도서 발송, 웰컴 굿즈 혜택, 뉴스레터
발송 등 책과 관련된 다채로운 경험을 제공하며 독자와
한 뼘 더 가까운 호흡을 하고 있다.

    또한 2025년 6월, 시인 안미옥의 『빵과 시』 출간을
기점으로 '일상시화' 시리즈를 완간한 것도 고무적인 일이다.
첫 출간한 잡지와 동명이기도 한 '일상시화' 시리즈는
2024년 6월 출간을 시작으로 총 7권의 기획된 시/에세이를
출간했다. 고양이, 빌딩, 잠, 사진, 생활체육, 이웃, 빵까지
시와 나란히 두어 생각해볼 수 있는 생활의 테마를 정해 시인의
시와 일상을 나란히 들여다보는 기획으로 출발했다. 이는
'밀리의 서재' 오리지널 시리즈로 일부 선공개되었으며 이후
새 원고를 더해 순차적으로 출간했다. 시를 토대로 출발한

아침달은 산문, 그림, 사진과 더불어 소설에서도 의미 있는
작업들을 이루고 있다. 2024년에는 집필 공간 지원 사업인
호텔 프린스 '소설가의 방' 레지던스 사업 10주년 기념
소설, 에세이 앤솔러지를 각각 펴내며 사업의 뜻깊은 의미를
독자들에게 소개했다.

    다양한 길을 걸어오며 아침달 시집은 어느덧 50번째를
맞이하게 되었다. 그 순서로 8년 만에 신작을 선보이는
시인 심보선의 새 시집을 출간한다. 현재 한국 시단에서 상징적인
존재이기도 한 시인의 새 시집 『네가 봄에 써야지 속으로
생각했던』은 서정적인 울림과 도회적인 상상력이 독자의 마음을
끊임없이 진동케 할 시들로 구성돼 50번째 단추를 채우게 되었다.
이 글이 수록되는 『첫선-아침달 첫 시집 보도자료 모음집』은
아침달 시집 50번 출간을 기념하여, 아침달과 함께 시작을 열게 된
첫 시집의 보도자료를 재구성하여 엮은 아카이브 북이기도 하다.
편집자 송승언, 서윤후, 정채영, 이기리가 시집 곁에서
내밀히 읽어온 흔적들이, 독자들에게 읽어온 시집의 역사를,
읽어나갈 시집의 새로운 가이드가 될 것이다. 그리고 아침달

편집부와 아침달 시인들이 함께 써 내려간 『여름어 사전』까지, 2025년 서울국제도서전에서 세 권의 책을 함께 소개한다.
    아침달은 앞으로도 지나온 시간과 다르지 않은, 흐릿하게 존재하는 것들을 선명한 시선으로 바라볼 수 있게 하는 맑고 단단한 책들을 계속 만들어갈 예정이다. 누구보다 책을 사랑하고, 문학에 아낌없는 대표 손문경, 편집자 서윤후, 정채영, 이기리, 디자이너 한유미, 정유경, 김정현, 큐레이터 정한아, 박소란이 묵묵히 그 애정의 행보를 책 속에서 이어나갈 계획이다.

2025년 아침달 시집 50번째를 맞이하며
아침달 편집부

여는 글
첫선, 아침달

목차

여는 글   4   첫선, 아침달
                          —느리고 단단한 보폭으로 걸어온 길

첫 시집 보도자료 모음

20   생활이 앓는 몸살을
       솔직함으로 돌파하는 시
       아침달 시집 49 윤초롬 『햇빛의 아가리』

30   무중력 화음을 빚는 감각으로
       언어의 경계를 깨뜨리는 시 쓰기
       아침달 시집 47 박술 『오토파일럿』

38   약속을 걸으며 믿음을 깨트리는 시
       기다림을 배웅한 뒤에 적어 내려간 시
       아침달 시집 46 이새해 『나도 기다리고 있어』

46   "몸보다 마음이 큰 것 같아"
       흐릿한 존재들에게 쥐어지는 일련번호
       아침달 시집 44 차유오 『순수한 기쁨』

52   끊임없이 이동하는 생활을 타고
       새로운 리듬에 도착하는 시
       아침달 시집 42 김동균 『재재소소』

58   침묵만이 상연되는 무대
       영원히 끝나지 않을 튜토리얼
       아침달 시집 41 기원석 『가장낭독회』

64 　탄생과 죽음으로 그린 사랑의 홀로그램
　　부서진 존재를 깨우는 빛의 의지
　　아침달 시집 39 이유운 『유리유화』

70 　싸우듯이, 혹은 파티하듯이
　　별 무리처럼 쏟아지는
　　목소리들의 하모니
　　아침달 시집 38 나혜 『하이햇은 금빛 경사로』

76 　잠든 사람을 깨우는 새 생명처럼
　　품 안에서 꿈틀거리는 기도의 노래
　　아침달 시집 37 숙희 『오로라 콜』

84 　하얗게 끓어오르는 물을 마시며
　　침묵의 대화를 나누는 시간
　　아침달 시집 36 신수형 『무빙워크』

90 　먼 곳의 시를 향한 전력투구
　　아침달 시집 34 이날 『입술을 스치는 천사들』

96 　몽환적인 연무로 휩싸인 세계에서
　　폭발하는 착란의 이미지들
　　아침달 시집 33 김도 『핵꿈』

102 계이름 바깥의 멜로디 같은
　　우리들의 이야기
　　　　아침달 시집 27 홍인혜 『우리의 노래는 이미』

110 구부러진 이야기를 통한 시적 모험
　　　　아침달 시집 24
　　　　고민형 『엄청난 속도로 사랑하는』

116 구원 없는 곳에서 바라보는
　　갈 수 없는 낙원의 아름다움
　　　　아침달 시집 23 박규현 『모든 나는 사랑받는다』

122 훼손되지 않는 아름다움을 위하여
　　　　아침달 시집 21 이제재 『글라스드 아이즈』

128 창백하고 부드러운 언어의 공백
　　그것의 치명적인 아름다움
　　　　아침달 시집 18
　　　　원성은 『새의 이름은 영원히 모른 채』

134 정답을 알 수 없는 것들의 아름나움
　　　　아침달 시집 17 한연희 『폭설이었다 그다음은』

140   사랑의 종료를 통해 시작되는
         새로운 사랑의 가능성
         아침달 시집 16 김선오 『나이트 사커』

146   씩씩하고 자유로운 시적 투쟁의 기록
         아침달 시집 15 윤유나 『하얀 나비 철수』

152   빛을 삼키는 빛의 시집
         아침달 시집 11 김영미 『맑고 높은 나의 이마』

158   정확한 온도를 지키는 시
         시 읽는 즐거움을 회복시키다
         아침달 시집 10 조해주 『우리 다른 이야기 하자』

166   "새를 만난 적 없는 새에게"
         만난 적 없는 낯선 언어와의 마주침
         아침달 시집 8
         육호수 『나는 오늘 혼자 바다에 갈 수 있어요』

172   우주 미아의 심정으로 써 내려간 시
         아침달 시집 7 이호준 『책』

보도자료 읽는 사람들	179	버리지 못한 문장들 이주호(교보문고 시/에세이 MD)
	183	본 아페티(Bon Appétit) 김효선(알라딘 한국소설/시/여행 MD)
	187	행운의 편지 이참슬(채널예스 에디터)
	190	이어 읽는 마음 전혼잎(한국일보 문화부 기자)
	193	보도자료 (쓰기)의 싫(었)음에 대해 유희경(시인·시집서점 위트앤시니컬 대표)
	199	코트 안쪽의 솔기처럼 김소연(시인)
아침달 출간 목록	204	2018. 9.-2025. 6. 현재

첫 시집
보도자료
모음

생활이 앓는
몸살을
솔직함으로
돌파하는 시

아침달 시집 49
윤초롬
『햇빛의 아가리』

책소개

"슬픔과 두려움과 냉철함이 자립(自立)의 시로 흡인력 있게 전달되고 넘치는 기세와 필치가 활달하다"(정한아, 박소란)는 평을 받으며 출발하는 시인 윤초롬의 첫 시집 『햇빛의 아가리』가 아침달 시집 49번째로 출간되었다. 윤초롬은 이번 시집을 통해 작품 활동을 시작하는 신인으로, "피"로 물든 삶을 생활감 있게 그려내며 하양, 검정 등 극적으로 대비되는 색채감을 더해 존재의 희망과 절망을 극명하게 포개는 기묘한 하모니로 그려낸다.

시 속 화자들은 마치 "자기 피를 보고 웃는"(「엄마 딸이 죽었습니다」) 사람처럼, 절망적인 상황 속에서 심리적 출혈을 겪으면서도 현실을 극복하기보다 그저 이 험난하고 비참한 일들을 조소하면서 "핏기 하나 없는 얼굴"이 되고 싶은 심정을 가족 서사로 녹여낸다. 가족은 피로 묶이는 최초의 공동체이며 인간이 세계에 입성하는 순간 가장 먼저 믿음으로 결속되는 관계이기도 하다. 하지만 가족이 해체되면서 '피'는 "지워도 지워지지 않는 피의 끈질"(「황혼」)긴 슬픔이 된다.

추천사를 쓴 시인 박소란은 이번 시집에서 보여주는 처절한 삶의 고투를 증명하는 언어를 "자신의 가장 깊은 곳까지 침잠해본 사람에게서 길어진 것"이라 말한다. 이번 시집은 총 4부 구성으로, 46편의 시를 통해 삶을 긍정하지도 부정하지도 않은 채 상처로 뒤섞인 현실을 생동하는 장면으로 포착하고 불온한 정체성을 하나의 이야기로 기워낸다.

출판사 서평

피투성이로 범벅된 삶의 가난한 장면 안에서 솔직하고 명징한 언어로 새로운 시적 태동을 감지하는 시인 윤초롬의 첫 시집 『햇빛의 아가리』가 아침달 시집 49번째로 출간되었다. 아침달 큐레이터인 시인 정한아, 박소란으로부터 "슬픔과

아침달 시집 49
윤초롬 『햇빛의 아가리』

두려움과 냉철함이 자립(自立)의 시로 흡인력 있게 전달되고 넘치는 기세와 필치가 활달하다"는 평을 받으며 작품 활동을 시작하는 시인 윤초롬은 이번 시집에 "아름다움을 느낄 수 없는 당신에게"(시인의 말) 작은 아름다움이라도 발견할 수 있도록 흥건한 "피"의 현장을 담아낸다.

　이번 시집에서 가장 중요한 키워드는 '피'다. 시인은 피와 생활이 끈적하게 섞이는 "하모니"(「엄마 딸이 죽었습니다」)를 말하기 위해 다양한 색채감을 활용하는데, 주로 쓰는 색깔은 피의 색인 "빨강"과 "하양"과 "검정"이다. 그리고 시집 전체를 피의 감각으로 물들이기에 앞서 시인은 모든 세계를 "하얗다"(「이따금」)고 말한다. 시인은 하얗게 뒤덮여버린 세계에서 "나풀거리는 기억들"처럼 방황하고 "여기와 저기를 분간하지 못해" "백치"라는 "별명"을 얻는다. 백치는 주로 일상에서 '순진한 사람'을 일컫는 말이지만 시집을 읽어나갈수록 이 별명은 폭력적이고 비참한 현실 앞에 무너진 자신이 항복하기 위해 드는 백기이자 피폐해진 정신을 다잡지 못하는 백지라는 의미를 새롭게 입는다. 시인에게 검정과 하양은 모두 "시력을 잃어가는 공포"(「끝에서」)이자 "번져가는 시야"(「회복기」)여서, 자신이 흘린 피를 연하게 해주지만 그에 따르는 대가로 삶의 일부를 포기해야 한다.

　시인은 생활의 장면 속에서 피를 너무 많이 흘린 뒤 남아 있는 뼈와 살을 보존할 수 있는 방법으로 솔직한 발화를 선택한다. 하지만 시집에 수록된 산문 「시와 솔직함」에서 시인은 이 방법에 대해 회의를 갖는다. "왜 어떤 솔직함은 징그럽기만 할까"라는 질문에는 누군가의 아픔이 작품으로 전시되면서 삶을 고백하는 형태가 예술 작품에 담겨 고유해지고 특별해지는 현상이 부정한 알리바이라고 말하며 자신의 솔직함까지 반성한다. 그럼에도 시인이 부서지는 삶의 모든 순간 속에서도 좌절하지 않고 솔직한 이야기를 우리에게 전하는 용기를 낼 수 있었던 까닭에는 유일하게 희망적 메시지가 담긴 마지막 시 「다른 방식」에 있다. 시인은 "서빈백사"라는 모래사장에서 만난 "흰모래"와 "흰빛"을 피로 환원하지 않고 비참했던 어느 여름을 눈부신 세상으로 돌본다. "좋은 사람"을 떠올리면서 "네가 외롭지 않게/ 네가 너의 힘을 느낄 수 있게" "나를 파괴하지 않"(「다른 방식」) 겠다고 말하는 용기의 근원은 솔직한 언어로 삶의 치부를 고백하는 직진성에서 발현된다. 추천사를 쓴 시인 박소란의 말처럼 윤초롬의 시는 "스스로를 감추고 짐짓 세련된 태도로 적정 간격을 유지하는 것을 어떤 본령으로 여기는 때, 그 흐름을 가뿐히 거스를 줄 안다". 솔직함은 시인이 금방이라도 부서질 듯한 몸과 영혼을 보존하는 방식이다. 삶을 송두리째 흔드는 상처를 받은 자는 시 쓰기의 솔직함으로 자기 자신을 "부정출혈"(「유충과 성충」)이자 "사혈"(「사혈의 원리」)이라고 피칠갑적으로 명명하는 인식에서 해방된다.

> 가족이라는 피의 서사
> 살과 뼈가 사라지는 동안에도
> 몸과 영혼을 보존하기

피를 토하고 흘리면서 아름다움을 말하는 방식이란 무엇일까. 그 처절하고도 절박한 발화의 이면을 발견하기 위해서는 시 속 화자들이 처한 생활 현장을 몸으로 체험해야만 한다.

시인이 시에 담은 화자들은 거의 대부분 가족 구성원이다. 시인은 가족을 피의 공동체로 묶는다. 시집 전체에 담긴 이야기는 마치 한 편의 소설처럼 매끄럽고 순차적으로 진행된다. 피를 나누고 섞이면서 결연해지는 가족은 시집에서 총 네 명의 인물을 다룬다. 그중 핵심에 속하는 '아버지'는 "범죄자"(「취조실」)고

자살을 시도하면서(「황혼」) 가정 폭력을 일삼아 가족에
균열을 내어 해체하는 인물이다. '어머니'는 가난해진 현실을
견디다 안암에 걸려 투병하는 자이고, '언니'와 '동생'은
유일하게 서로의 아픔을 돌볼 수 있는 관계이다. 가족이 겪는
시련을 삶의 토대에 간신히 놓을 수 있는 방법으로 시인은
"앙상한 비유"(「지우지 않겠습니다」)를 택한다. 즉 시인이 말하는
피의 물성도 마찬가지로 삶을 지탱하기 위한 일종의 비유이자
"희고 반투명하고 액체도 고체도 아닌 덩어리"(「추모 공원」)로서
가족 전체를 은유한다.

　가족이 남긴 상처는 공동의 몫이면서도 개인의 체질로
이어진다. 시인은 이번 시집에서 유독 부서진다는 표현을
많이 쓴다. '나'라는 존재 역시 "피"와 "살"과 "뼈"로 이루어진
공동체라고 말해볼 수 있다면, 인간은 태어나면서 본질적으로
죽음이라는 해체에 맞닥뜨릴 운명이며 육체가 해산되는
순간을 한 번쯤 상상해보게 된다. 시집 1부와 2부에서
가족 전체가 짊어지는 가난과 고통에 관한 이야기가 주를
이루었다면, 3부와 4부에서는 이러한 현실을 관통하면서
겪는 자신을 존재론적으로 사유한다. "내가 사람이라니
믿을 수 없"(「앉는 연습」)다고 고백하는 이유는 참혹한 장면들이
시야에서 산산조각으로 부서지듯 자신의 육체 또한 부서진다는
감각이 온몸에 전이되기 때문이다.

　이러한 사정을 다 헤아린 후 마지막으로 제목을 살펴보면
독자는 "햇빛의 아가리"라는 강렬한 제목을 만나게 된다.
시인은 풀밭에 몰려오는 주황빛 기운을 따스한 이미지로
표현하기를 거부하고 햇빛이 지닌 동물성을 포착하여 육화한다.
이에 주변화되는 화자는 "걸을 곳"(「바깥 산책」)을 "잃어가"지만
모두에게 다음과 같은 산책을 요청한다. "시원한 곳으로 가자"고,
"멀리멀리 전진"하자고. 시인은 햇빛을 늘 안온한 시선으로

따뜻하게 말하는 자가 아님을 거듭 확인하기 위해, 그 속에
담긴 본능적 슬픔을 감각하고 주변으로 밀려나도, 함께 살아가는
이들을 보호하려는 의지를 '입'에서 말로, 말에서 문장으로
힘차게 걸어가는 발걸음을 주저하지 않는다.

아침달 시집 49
윤초롬 『햇빛의 아가리』

추천사

'피'의 끈질김 앞에 속절없이 앓아본 사람이라면
| 박소란(시인)

윤초롬은 '생고기', 아니 그보다 훨씬 생것인 무언가를
계속해서 끄집어낼 줄 안다. 그리고 그것을 따가운 "불판 위에
척,"(「엄마 딸이 죽었습니다」) 하고 구울 줄 안다. 애증으로 덕지덕지한
가족에 대해, '나'에 대해, '나'와 '나'의 주변을 휘감는 병에 대해,
"칼끝을 물고 있"(「홍옥」)는 것만 같은 생활에 대해 전력으로
고백할 줄 안다. 고백은 대체로 담담하나, 가끔은 기도로
울음으로 비어지기도 한다. "으으으, 아으으"(「우리 돌기」) 포효로
터져 나오기도 한다. 이러지도 저러지도 못하는 '피'의 끈질김
앞에 속절없이 앓아본 사람의 소리임에 분명한 것. 자신의
가장 깊은 곳까지 침잠해본 사람에게서 길어진 것. 스스로를
감추고 짐짓 세련된 태도로 적정 간격을 유지하는 것을
어떤 본령으로 여기는 때, 그 흐름을 가뿐히 거스를 줄 안다.
윤초롬의 그런 점이 나는 좋다.

그의 시에는 분전하는 생활의 어쩔 수 없는 증표라
이를 만한 '때'가 잔뜩 묻어 있고, '균열' 또한 무수하다. 그 사이로
살았는지 죽었는지 알 수 없는 것들이 쉴 새 없이 들락거리는
풍경. 윤초롬은 그것을 집요하게 본다. 집요하게 되새긴다.
도무지 사그라지지 않는 고통의 정체를 추적하듯이. 거기에는
절망도 있고 원망도 있고 분노도 있다. 죄책감도, 책임감도 있다.
이를 다른 말로 "사랑의 열병"(「눈사람」)이라 해도 좋을까?
따갑게, 혹은 뜨겁게 세계를 견디는 힘이라고? "거절합니다",
아마도 윤초롬은 그렇게 답하겠지.

"아름다움 거절합니다/ 낭만적 거짓 거절합니다"(「타이레놀」).
그렇다. 솔직이라거나 진실이라거나 하는 것들의 표양은

발행일 2025. 5. 19. | ISBN 979-11-94324-46-1 (03810)
152쪽 | 125×190mm | 무선제본

대체로 아름답지 않은 법이니. 너절하고 참혹한 법이니. 하지만 아름답지 않아서 아름다운 것, 아름답지 않으려는 데서 오는 아름다움이라는 것이 있으니까. 허세와 기교와 낭만을 버리려는 데서 오는 굳센 아름다움.

"슬픔의 단단한 이빨"(「문제아」) 같은 윤초롬의 시를 읽는 동안 나는 자연히 나의 고통, 나의 슬픔, 나의 상처를 여기에 덧대어본다. 그러면서 그가 최선으로 읊조리는 빛을 한뜻으로 열망한다. "좋아지고 있어/ 걱정하지 마"(「바깥 산책」) 같은 말을 주고받으며. 윤초롬은 다름 아닌 '너'를 위해, '우리'를 위해 자꾸만 무엇이든 쥐고 또 쥐고, 꽉 움켜쥔다. 그러다 문득 "밥 좀 잘 챙겨 먹어/ 뼈마디가 다 드러난 너의 가는 팔목을"(「뼈」) 끌어다 잡기도 하는 것이다.

추천사

고통스러운 시 복약 지도 | 정한아(시인)

최근 몇 년 동안 나는 시를 쓰는 데 얼마나 많은 제한과
금기들이 통용되고 있는지를 들어 알게 되었다. 시에 '나'를 쓰면
안 된다고 한다. 시에 부사어를 함부로 쓰면 안 된다고 한다.
가급적 직유는 피해야 한다고 한다. 너무 길어서도 안 되고 너무
짧아서도 안 된다고 한다. 너무 직접적이면 촌스럽다고 한다.
특히, 자기 고통을 늘어놓으면 독자들의 눈살을 찌푸릴 것이라고
한다. 그러나 때때로 이 제한과 금기들이 얼마나 시 자체와는
관련이 없는지 생각하면 깜짝 놀라게 된다.

    고통에는 수사학적 기술이 없고 문학사가 없고 고통은
내용과 형식이 나뉘지 않는다. 통증은 세련(洗鍊)되지 않는다.
거짓말처럼 통증이 사라졌을 때, 고통스러워 죽어버리고
싶었던 심정을 이해할 수 없지만, 다시 통증이 시작되면 어떻게
이 끔찍한 느낌을 잊어버릴 수 있었는지 의아하다. 그것은
실감의 일이고, 통증 속에 있는 자는 기술의 세련 같은 사치를
생각해낼 틈이 없다.

    윤초롬의 시는 통증의 안팎을 들락날락하면서 통증의
실감과 통증에 대한 기억과 그 의미화에 따르는 자기 언어에
대한 끊임없는 점검 속에 있다. 이것은 주로 가족사적인
외상의 장면들에 대한 자신의 감정을 재서술하는 과정에서
이전과는 조금씩 다른 자기로 변해가고자 하는 동시에
변해버릴까봐 두려워하는 양상으로 나타난다. 우리는
자기의 아픈 곳을 더듬으면서 자라고, 덜 아프게 되었을 때는
자기 자신을 거짓말쟁이나 죄인으로 생각할 때가 있다.

    그렇게 어떤 사람들은 고통의 대가가 된다. 이것은 뛰어난
상담사가 되는 피상담자의 심리와 닮았고, 고통의 추이를

28

발행일 2025. 5. 19. | ISBN 979-11-94324-46-1 (03810)
152쪽 | 125×190mm | 무선제본

통해 자기의 변화를 촉진(觸診)해내려는 환자-의사와도 같다. 무례할까봐 대놓고 물어보지 않지만, 우리는 자신의 주치의가 병을 (될 수 있으면 심하게) 앓아본 사람이기를 원한다.

 사실 치명적인 심리적 외상에 관한 한, 글쓰기는 약이자 독일 것이다. 가장 안전한 전지구적 진통제인 아세트아미노펜이 간 독성 때문에 때때로 자살 시도자들의 과용 약물로 빈번히 사용되는 것처럼(「타이레놀」), 괴로운 사람일수록 형언할 수 없었던 통증에 단어를 찾아주고서는, 영원히 그 실감으로부터 벗어나지 못하게 될까 두려워한다.

 그러나 고통을 쓸 수 있게 된 자는, 자기가 쓴 글에 달라붙어 있는 자기 자신을 건져내어 다른 글로 옮겨갈 것이다. 기억하고 싶은 욕망과 잊어버리고 싶은 욕망 속을 반복적으로 오가면서 쓰는 사람을 어디론가 조금씩 데려갈 것이다. 최근에 밝혀진 바에 따르면, 여전히 불명확한 작용 기전에도 불구하고, 아세트아미노펜은 심리적 고통에도 효과가 있다고 한다. 고통을 쓰는 일은, 의도와 무관하게 다른 이의 고통을 완화해주기도 한다.

 아마 극복은, 잊어버리는 것이 아니라, 다른 감정으로 기억하게 되는 것일 터이다. 그리고 독자는, 고유한 고통의 고백 앞에서 언제나 자기 고통의 독법과 작법을 갱신하는 것이다.

무중력
화음을 빚는
감각으로
언어의 경계를
깨뜨리는
시 쓰기

아침달 시집 47
박술
『오토파일럿』

책소개

자유로운 언어의 활주를 꿈꾸는 시인, 박술의 첫 시집
『오토파일럿』이 아침달 시집 47번째로 출간되었다.
시인은 이중언어자의 삶을 통해 자기만의 언어를 찾고 갱신하며
오랜 기간 투쟁으로 쌓아온 시 40편을 내놓았다. 이번
첫 시집에서는 국경을 마음대로 건너뛰면서도 무중력 상태를
바라는 여러 나라의 언어가 혼재한다. 활달하게 뛰노는 언어의
변주가 낯선 이미지들을 결합하며 새로운 세계가 펼쳐진다.

그동안 주로 번역과 철학에 몰입했던 시인은 시를 통해 줄곧
도구적 성질이나 축약된 의미로 제한되곤 했던 언어의 한계를
깨부순다. 세계의 심연을 들추려는 의지, 서로 다른 두 언어가
하나의 축을 이루어 열린 미래로 나아가는 꿈, 현실과 대항하여
관측된 세계 그 이상으로 넓어지면서 일구는 비정형의 토양.
이러한 모든 행위와 표현으로 무한한 가능 세계를 담아내는
시인은 언어를 곧 존재 그 자체로 인식한다. 시 쓰기는 존재론을
펼치는 일이자 존재 양태를 최대치로 늘리는 일이다.

발문을 쓴 시인 김혜순의 말처럼, 이 시집엔 "지정학을
몸으로 앓는 화자"(「불꽃과 망치」)들이 다양한 장소에 머물면서
시인이 감지하는 위태로운 언어적 경계가 있고, "자유 연상의
행로"를 따라 방향 감각을 소실하면서 탄생하는 타자와
공간이 있다. "언어가 살이고 피인 시인, 풍경이고 감각이며,
존재론인 시인을 본 적이 없"다는 말은 결코 과장이 아닐 것이다.
이번 시집은 시인의 첫 발걸음이면서도 그 한 발을 떼기까지
겪었을 길고 지난한 중력의 세월에 저항하는 존재적 해방에
관한 탐구다.

출판사 서평

프리드리히 횔덜린, 노발리스, 게오르크 트라클 등 독일 작가의

아침달 시집 47
박술 『오토파일럿』

시집을 번역했을 뿐만 아니라 최근 시인 김혜순의 『죽음의 자서전』을 독일어로 옮기고 소개해 번역가로서 한국 문학과 독일 문학을 이어오던 박술이 시인으로 활동한 이후 13년 만에 첫 시집으로 우리 곁을 찾아왔다. 2012년 《시와반시》 신인상을 수상하며 작품 활동을 시작한 시인 박술은 이번 첫 시집 『오토파일럿』에 한국어와 독일어 사이를 오가며 겪었던 이중언어자의 삶과 혼란을 복잡한 형상 그 자체로 담아내었다. 시집은 총 2부 구성으로, 1부는 시인이 지금까지 써온 시들과 여러 국가의 언어로 혼합된 시들이 배치되었고 2부는 밀도 높은 철학적 사유를 자동기술법 글쓰기로 다룬 장시 「망치의 방」 한 편이 그 거대한 몸짓을 드러낸다. 또한 "나는 우리나라에서 이 시집만큼 여러 언어를 몸으로 체득해 감각화하는 시집을 본 적이 없다"는 시인 김혜순의 찬사를 받은 이번 시집에서 시인은 언어가 고정되지 않고 대기에 자유롭게 부유하는 성질을 담아 독특한 언어적 실험을 담은 시편을 전개한다. 고등학교를 자퇴하고 독일로 떠난 시인은 한국어와 독일어를 오가며 이방인으로서 겪은 삶의 감각을 시와 산문에 녹여낸다. 한국어는 시인의 모국어이지만 주로 생활하고 말하는 언어가 독일어라면 그의 위치는 과연 어느 자리에 확정해야 할까. 시인은 이 질문에 대한 답을 거부하려는 듯이 초반부터 여러 나라의 언어를 사용하며 시를 쓴다. 독일어로 먼저 쓰고 한국어로 옮긴 시 「나무가 모르는 것들」은 한국어 전문에 각주를 달아 독일어로 옮겼고, 한국어와 독일어를 번갈아 가며 쓴 시 「무성」과 「도움닫기 없이 날기」는 "못움직이기"나 "여기말로 움직이지 못하기" 같은 표현처럼 "경계의 언어(Grenzsprache)"를 넘나들며 위치를 확정하지 못하고 그 사이에서 마치 암석처럼 행위가 단단히 굳어버리는 형상에 접미사 '기'를 붙여 언어마저도 명사화한다. 이 같은 발화법은 혈액이 응고되어 출혈을 방지하고 필요한 영양소와 산소를 공급하는 것과도 같아 이중언어자로서 느꼈을 상처들을 부위마다 지혈한다.

  이처럼 어린 시절부터 독일에서 공부한 시간이 그에게 있어 단순히 이중언어자의 삶이라는 의미에만 그치지 않고, 모국어와 외국어의 경계가 모호해지는 '성간 우주(Interstellar)' 속에서 무중력의 자세로 붕 떠오를 수밖에 없는 세계의 형태를 전유한다. 고정된 속성에서 벗어날 때 들리는 '무중력 화음'은 시인이 간절히 원하는 "망치의 방"에 들어서는 순간 "크레바스"처럼 바닥에 균열이 생기는 순간에만 발생한다. 하지만 시인은 균열이 또 다른 경계의 시작점이라는 사실 또한 잘 알고 있다. 시인의 언어를 빌려 말하자면, "볼품없는 언어의 화자"(「이프릿트」)인 자들이 "아무도 원하지 않는 자리"(「다시 일어나는 자리」)이자 "있던 것이 없어진 자리"(「횔덜린 변주곡 6」)다.

절대적 타자를 향한 자율 주행
물이 다 빠진 수영장에서 펼치는 자맥질

1부에 수록된 39편의 시를 다 통과하고 2부로 넘어가면 남은 시는 단 한 편뿐이다. 분량이 무려 원고지 100매에 해당하는 장시 「망치의 방」은 영국에서 활동하고 있는 예술가 최자윤이 그린 두 장의 어두운 삽화가 문을 여닫는다. 음악 기호(#, ♭)로 구분된 연은 그 자체로 하나의 음악이 되어 시인의 유년을 주조음으로 삼는다. 시인이 번역했던 철학자 중 프리드리히 니체가 소위 '망치를 든 철학자'라고 불리듯, 시인이 망치를 부르는 것 또한 시 속에서 분절되는 이미지 감각과 혼용되는 언어를 "구분"하려는 태도에 균열을 내기 위함이라고 할 수 있다. "물속에 거꾸로 떠서

수면으로 떨어지는 빗방울들을 바라보"는 장면으로 한 시절을 떠올리는 시인은 어느 정원의 주택 앞에 놓인 "수영장"을 주요 공간으로 삼아 "수영장의 물맛"부터 시작해서 물이 다 빠지고 레미콘이 수영장을 시멘트로 메우는 날까지의 시간을 총체적으로 그린다. 발문에 따르면 "장소에 붙은 언어의 지리학"(「불꽃과 망치」)을 몸의 감각으로 펼치는 것이다. 이 시는 말 그대로 "모니터 앞에서 입을 반쯤 벌리고 다가닥, 다가닥, 말을 달리며 쓴 거품 같은 텍스트"(「무중력의 글쓰기」)다.

물속에 있으면 물의 호위를 받아 소리가 마음대로 귓속을 침범하는 상황에서 해방될 수 있다. 물은 그 어떤 언어가 들어와도 공평하게 흘려보낸다. 물속에서는 모든 언어가 직위를 박탈당하고 기포를 내뿜으며 "눈이 떨어진 채로 진실을 웅얼거"(「흑림 1」)릴 뿐이다. 무중력 언어를 꿈꾸는 시인이 이주민으로서 느끼는 현실에 침잠할 때마다 대체하는 힘으로 부력을 택한 이유가 바로 여기에 있다. 철학자와 번역자로 살면서 계속 의미를 건져내려는 삶에 지쳤을 시인에게 수영장이란 맑고 아름다웠던 유년의 한 부분을 떠올릴 수 있는 공간이었을 테고, 서두에 인용한 파울 첼란의 시 「물과 불 Wasser und Feuer」에서 말하는 "쏟아지는 불길"을 "숲"과 달리 피할 수 있는 유일한 도피처였을 테니 말이다. 반면 수영장은 사물과 현상의 부패를 바라볼 수 있는 공간이기도 하다. "흐르는 것은 멈추고, 멈추는 것은 썩는다. 지금은 멈추지 않더라도 언젠가는 멈춘다." 이는 비단 물의 속성만이 아니라 언어의 속성에도 해당한다. 언어는 문장이라는 물결에 기대 영원히 흐르기를 바라면서도 온점에 부딪혀 정지하는 순간을 마주하기도 한다. 이처럼 「망치의 방」에서 수영장이 주요 무대일 수밖에 없는 이유는 경계가 뭉그러지는 시공간이기 때문이다. '모국어/외국어', '삶/죽음', '물/불', '나/너' 등 이항 대립적인 구분에 지친 언어가 지향하는 곳은 바로 물속처럼 형상을 일그러뜨리고 소리를 차단할 수 있는 공간인 셈이다. 시인은 물이 다 빠진 수영장에서도 살려달라고 자맥질하는 존재다. 시인의 의식에는 아직 범람하는 언어로 가득하며 세계를 견디는 몸이 있는 한 모두의 구원과 화해를 이룬 세상을 위해 이 우스꽝스러운 행동을 멈추지 않는다.

이번 시집에서는 두 가지의 도드라지는 특징이 있다. 하나는 '너'를 절대적 타자로 삼아 지향하고 도달하고자 하는 이상향으로 삼는다는 점이다. 여기서 말하는 '너'는 얼핏 단순하게 읽으면 연인 관계처럼 보일 수 있으나 시들을 천천히 음미하면 그 의미가 갈수록 확장된다는 감각을 점진적으로 느낄 수 있다. 특히 「망치의 방」에서 '너'는 폭발적인 언어와 함께 다시 태어난다. "망치로 허공을 쳐서" '너'를 깎아 새로 형상화한다. '너'는 곧 사랑하는 사람, 언어이자 세계, 또 다른 나 등으로 다양하게 변주된다. 언어를 미워했던 시간만큼 언어를 다시 믿어보는 태도는 어떤 절대적 타자를 향해 나아간다. 그것이 "언뜻 발견한 아늑한 공동"(「바실리카타 여행기」)일지라도 함께했다는 과거만큼은 다시 한번 용기 내어 불러보고 싶은 영원한 위안으로 남는다.

나머지 하나는 둘 이상의 다른 언어를 '동시 표기'한다는 점이다. 「란스 Lans」「페를라흐 Perlach」「강 GANG」과 같이 제목에서부터 한국어와 독일어가 동시 표기되기도 하고 「도움닫기 없이 날기」「나무가 모르는 것들」「Åhus」「다시 일어나는 자리」에서 히브리어, 라틴어, 안달루시아어 등 낯선 말을 함께 다루기도 한다. 시적 언어를 구사할 때 이처럼 수많은 언어가 한꺼번에 떠오르는 것은 시인, 번역가, 철학자로 동시 존재하는 자신을 드러내는 방식으로 작용된다.

이번 시집은 언어적 혼재 속에서 느꼈을 호흡 곤란을

자기만의 숨으로 극복한 놀라운 고투의 흔적이다. 수시로 의도와 의미가 어긋나는 발화를 경험해본 적 있는 독자라면 시인 박술의 첫 시집이 오해가 빈번한 세상의 작은 증거가 되리라 믿는다. 그렇게 자신의 언어를 되찾으려는 방법 중 하나로 제안되는 것이 바로 언어의 '자율 주행'이다. 말하자면 언어는 의미도 형태도 고정되지 않은 채 그저 여러 양태로 운동한다는 점이고, 바로 그러한 언어의 유동성이 언어에게 자유를 꿈꾸도록 하며, 어느 순간부터 언어에는 "오토파일럿"이 작동돼 인간의 조작이나 개입 없이 세계를 누빌 수 있게 된다. 시집 말미에 다다르자 말한다. "손을 키보드에서 뗀다. 여기부터는 오토파일럿이다."

발문
불꽃과 망치 | 김혜순(시인)

이 시집엔 히브리어 라틴어 영어 독일어 한국어 안달루시아어
등등 시공간을 가로지르는 언어에 대한 감각이 있고,
그것의 지정학을 몸으로 앓는 화자가 있다. 장소에 붙은
언어의 지리학 말이다. 나는 우리나라에서 이 시집만큼
여러 언어를 몸으로 체득해 감각화하는 시집을 본 적이 없다.
그만큼 언어가 살이고 피인 시인, 풍경이고 감각이며,
존재론인 시인을 본 적이 없는 것 같다.

약속을 걸으며
믿음을
깨트리는 시
기다림을
배웅한 뒤에
적어 내려간 시

아침달 시집 46
이새해
『나도 기다리고 있어』

책소개

"절대성에 대한 의심, 전복에의 의지로부터 출발한 자기 관점을 확고히 지켜가며 마침내 세계의 균형감을 찾아가는 시" (정한아, 박소란)라는 호평을 받으며 만장일치로 출간이 결정된 시인 이새해의 첫 시집 『나도 기다리고 있어』가 아침달 시집 46으로 출간되었다. 『아무 해도 끼치지 않는』, 『싫음』 등에 시를 발표하며 꾸준하게 자신의 보폭을 지켜왔던 시인은 이번 첫 시집을 통해 51편의 준비된 세계를 선보인다.

시인은 염결하고 선명한 해상도의 언어를 통해 자신이 기다려왔던 것들을 새롭게 돌보기 시작한다. 무감각한 현실의 리듬을 뒤흔드는 비일상적인 장면들로 초대하기도 하고, 희뿌옇게 블러(blur) 처리되어 있던 얼굴들을 하나씩 호명하며, 새로운 시간의 차원에 함께 서게 만든다. 화자는 다시 태어난 얼굴들과 우정을 나누며 자신이 기다려온 것의 세계로 모험을 떠난다.

시작도 끝도 알 수 없는, 출발도 도착도 분간할 수 없는 삶이라는 이야기의 불연속이 어쩌면 시인의 언어를 더 확고하게 만들었을지도 모른다. 살아가야만 하는 삶의 불가피한 시간에 복무하는 기다림이 아니라, 삶의 새로운 양식으로서의 약속을 불러와 자신이 보살펴온 것들의 존재를 끝끝내 솟구치게 만드는 시인의 고요하고 처절한 돌봄의 세계에는 우리가 잊던 약속들이 생겨나고 깨진다. 시인은 그 균열의 틈을 길로 열어, 마침내 우리가 기다려온 얼굴로 등장한다.

출판사 서평

시인 이새해의 첫 시집 『나도 기다리고 있어』가 아침달 시집 46으로 세상에 처음 발을 내디딘다. 총 3부로 구성된 이번 시집은 51편의 시가 수록되어 있으며, 평론가 홍성희의 해설 「지키는 약속」도 함께 담겼다. 아침달 큐레이터인 시인 정한아, 박소란으로부터 "절대성에 대한 의심, 전복에의 의지로부터 출발한 자기 관점을 확고히 지켜가며 마침내 세계의 균형감을 찾아가는 시"라는 호평을 받으며 만장일치로 출간이 결정된 이번 시집은 자신이 돌봐온 존재들과 지워진 약속 안에서 다시 만나는 여정이 담겨 있다. 복잡하고 단단하게 얽힌 현실을 단숨에 주파하는 시인의 시적 상상력이 더해져, 기다림으로 점철되어 있던 일상을 검토한다. 마침내 기다림이라는 모험을 시작하게 되는 화자는 태어나서 죽음으로까지의 여정에서 만나게 된 기다림의 존재들과 사랑과 결별로 범벅된 우정을 나눈다.

이번 시집에서 화자는 부재나 균열로 어긋나거나 틈이 벌어진 일상의 상태를 '떠올림'이라는 방식으로 미장해나간다. 그 결속된 연결감은 시인을 외롭게 만들었지만 동시에 시인을 살려주기도 했다. "너를 나아가게 하는 힘과/ 너에게 남아 있는 힘을 생각하면서/ 네 어깨에 손을 올려"(「등」)보는 시 안에서의 작은 움직임들은 연결을 확인하는 인기척이자 시인이 속한 세계를 지탱하게 하는 근원의 힘으로 모여든다. 이를테면 시에서 '너'는 내가 입은 민소매 티셔츠 안으로 손을 넣어 등을 어루만지기도 하고, '형'은 화자에게 등을 밟아달라고 부탁한다. 몸에서 몸으로 전수되어온 이 감각은 서로의 존재를 요청하면서 시작된 최초의 기다림이자 우리 모두가 간직하고 있던 마음의 그을림이기도 하다. 시인은 그 기다림 속에서 시간에만 복무하는 것이 아니라 "일요일에 일하는 사람은/ 더 많은 일요일을 본다"(「일요일」)는 사실을 깨달을 때까지 삶의 일순간에 끼어드는 장면들을 바라보고 또 바라본다. 평범한 순간을 일구기 위해 보이지 않는 곳에서 작동하는 마음이나 역할 같은 비정형의 시간을 포착하는 것이 시인 이새해가 세상을 이해해온 방식이기도 하다. 이 응시를 통해 마치 삶의 기다림에 응답이라도 받는 듯이 시적인 장면들이 태어난다. 시인은 "내가 기다리는 세상의 투명한 풍경들로/ 그의 믿음을 흔들"(「반영구」)며 순응해온 자신의 시간을 다시 의심하고, 그 어긋남을 통해 기다림의 존재를 불러온다.

겹쳐 바라보는 돌봄 연습
이름 없는 존재를 위한 얼굴 부르기

시인은 안에서 바깥으로, 외부에서 내부로 자신이 머물고 있는 세계의 방향성을 끊임없이 뒤척이며 안온한 문법에서 벗어나려고 한다. 서로 다른 방향을 구분하여 가르지 않고, 미묘하게 겹쳐 바라보는 연습을 통해 세계를 보다 더 구체적이고 사실적으로 이해하는 차원에서. 또한 그 풍경 속에서 존재감을 드러내는 '나'와 '타자'의 존재가 엮어가는 관계 또한 마찬가지다. 각자의 입장을 함부로 넘겨짚지 않고, 드러나 있지 않던 이름 없는 존재의 얼굴을 부르며 한 번도 되어본 적 없는 입장을 시로 환원한다. 이것은 시인이 삶을 지나올 수 있었던 생존법이자, 살아남은 자들에 대한 기억력이기도 하다.
    평론가 홍성희는 해설 「지키는 약속」에서 "푸르고 안온한 풍경이라는 목적 속에서 통칭되거나 지워지지 않도록, 한 명 한 명을 나누어 부르고 바라보기 위해" 끊임없이 바라보고 존재를 돌보는 시인을 주목한다. "풍경 속에서 움직이는 얼굴들을 보기, 풍경 속에서 보는 방식으로 움직이기. 이새해의 시는 그런 미세 근육의 움직임에 대한 약속으로 이곳을 돌본"다고 이야기한다. 시인 이새해의 섬세한 시편들이 고요하고 정제된 언어로 구사되고 있다고 생각하게 되면서도, 동시에

역설적으로 역동적이고 능동적이라고 할 수밖에 없는 이유가
여기에 있다. 흐릿하게 혹은 희미하게 지워지던 존재를 자신이
기다려온 약속에서 만나기 위해 부단히 움직이고, 움직임을
끊임없이 보고 있기 때문이다. 화자가 주도하는, 화자를 주도하는
시 안에서의 적극성이 우리가 잊고 있던 삶의 약속 하나쯤
지킬 수 있도록 돌이킨다는 점은 이 시집이 강경하게 보여주는
지점이기도 하다. 해설에서도 이야기되듯 "깨어 있음과
깨어 있지 않음이 서로를 배제할 수 없는 현실에서 '보는 일'을
다시 시작할 것을 요청"하는 이 시집의 제안은 나란히 앉아
함께 기다려주며 서로 다른 것을 보는 일이다. 같은 곳에서
서로 본 것을 다르게 이야기할 때, 우리가 머물러 있던 세계는
미묘히 어긋나며 한층 더 깊어진다. 지난날의 맹세가
깨지면서, 어떤 새로운 약속이 지켜지는 문법. 시인 이새해의
시가 나날이 갱신해온 믿음이자 목소리이기도 하다.

추천사

어디에도 속하지 않는 자로서 | 박소란(시인)

이새해는 특별한 눈을 가진 시인이다. 일상과 비일상 사이 은밀히 자리한 어떤 틈을 보는 눈. 그런 틈을 보기 위해 시인은 한껏 몸을 낮추거나 웅크리거나 구석에 조용히 멈춰 서 있는 사람 같다. "봐야만 하는 것들이 선명하게 보일 때까지"(「파수」) 구태여 엉거주춤하기를 택한 사람. 행여 제 존재가 해가 될까 각별히 조심하면서. 그러면서 그는 너무 많은 것을 본다. "오늘은 그것을 보았다"(「노수」) 하는 식으로 시작되는 이야기를 찬찬히 따르자면, 미세한 먼지의 움직임이며 공기의 흐름, 돌의 표정까지 읽게 된다. "저 깊지도 않은 웅덩이에 빠져 죽은"(「옮겨심기」) 누군가를 대면하거나 시시각각 썩어가는 몸의 냄새를 맡게도 된다. 시인은 이토록 예민한 촉수를 가졌구나. 시인의 감각이란 지나치게 유심한 나머지 시를 읽는 이따금 "보호필름을 핸드폰 스크린에 붙이듯"(「노크」) 페이지를 넘겨야 할 것 같은 기분마저 든다.

　　현실을 살면서도 현실 밖으로 한 발을 내밀고 있는 것. 티 안 나게 슬며시 먼 곳을 바라보는 것. 분명 외로운 일이 아닐 수 없겠다. 어째서 그는, 그의 화자들은 동떨어진, 어디에도 속하지 않는 자로서, 마치 부유하듯 머무는 것일까. 삶과 죽음, 시간과 공간을 넘나들며 수시로 다른 삶을 체현하는 것은 어떤 의미일까. 짐작건대 이는 살아가는 일에 대한 질문과 답을 거듭하는 그만의 방식이리라. 어느 '기도문'에도 적혀 있지 않은, "아무도 나에게 가르쳐 준 적 없는 생활과 책임을 상상하면서"(「검사지」) 그는 끊임없이 본다. 부지중에 몸을 움직인다. 그러는 동안 이 세계가 감춘 '재앙'과도 같은 여러 다단한 폭력의 양상은 드러나고, 그 속에 끈질기게 뒤엉킨

죄의식과 연민 또한 피할 수 없는 것임을 깨닫는다.

    시인의 보법은 특유의 신비를 머금고 있다. 하지만 이런 식의 신비조차 그는 원치 않을 것 같다. "자신의 이야기를 구성하는 일"에도 그다지 "관심이 없"(「등장인물」)어 보인다. 그는 한 방향을 가리켜 무언가를 이르거나 뜻하는 자는 아니다. 자신을 중심에 두고 시종 주의를 부르짖는 요즈음의 셈법과는 무관하게, 그는 다만 경계에 서서 고요히 궁리하는 태도를 견지한다. 그런 가운데에서도 어쩔 수 없는 절실은 불거지는 것. "나는 나와 같이 죽어가는 자들이 들려주는 농담을 원한다" 넌지시 고백할 때. "가장 안전한 장소에서 가장 위험해지는 형제들아" 호명할 때. 아, 그는 기다리고 있구나. "만나본 적 없는"(「후원요청서」) 동류를. 안온한 일상 속 자신만의 '모험'을 전개해가는 이들을. 고개를 끄덕이며 다가가 그의 어깨를 감싸자면, 그는 문득 일어설 것이다. 자신을 향한 팔을 기꺼이 끌어다 잡을 것이다.

44

발행일 2025. 2. 14. | ISBN 979-11-94324-21-8 (03810)
176쪽 | 125×190mm | 무선제본

"몸보다 마음이
큰 것 같아"
흐릿한
존재들에게
쥐어지는
일련번호

아침달 시집 44
차유오
『순수한 기쁨』

책소개

아침달 시집 시리즈 44권. 2020년 《문화일보》 신춘문예를 통해 작품 활동을 시작한 시인이 등단 5년 만에 펴낸 첫 시집이다. 이번 시집에는 2020년 신춘문예 당선작 「침투」를 포함한 55편의 시가 수록되어 있다. 당선 당시 "심리적 이중성"이라는 독특한 에너지로 호평을 받았던 시인의 에너지는, 이번 시집에서도 고스란히 드러난다.

"보이지 않는 세상의 아름다움"을 쓰고자 하는 순수한 바람이 미세하고도 섬세한 묘사와 감각으로 표현되어 있으며 꿈, 기억, 마음 등의 광활한 추상성은 능동적 움직임을 통해 내면의 성찰과 성숙을 자아낸다. 발문을 쓴 시인 김현은 "사람의 자리에서 우리는 그 어느 때보다 크게 속삭인다"라는 감상과 함께 시집의 주요 키워드인 "사랑"을 사람으로, "마음"을 눈밭으로 표현한다. 시 속 화자들은 늘 어딘가에, 무엇에 쉽게 빠지고 구석에 있다가 천천히 가라앉는다. 그럼에도 그들은 그 침잠을 기꺼이 기쁨으로 받아들이며 계속해서 "마음자리"를 찾아 앞으로 나아간다. 그런 토적물 앞에서 우리는 나를 이루는 존재의 자리를, 내가 되고자 하는 또는 되어가려고 하는 세계를 비로소 인정할 수 있게 된다.

출판사 서평

안개, 연기와 같은 희미한 존재성을 바다, 하늘과 같은 선명하고 깨끗한 언어로 아름답게 어루만지는 시인 차유오의 첫 시집 『순수한 기쁨』이 출간되었다. 이번 시집은 4부 구성으로, 신춘문예 당선작 「침투」를 포함한 총 55편의 시가 수록되어 있다.

"남겨졌다" "버려졌다" "가라앉는다" "사라진다" 등 시인 차유오의 시에는 수많은 동사가 등장한다. 그리고 그 동사는 대부분 약하고 어렴풋하다. 소리 내어 읽어보지만 왠지 없는

47

아침달 시집 44
차유오 『순수한 기쁨』

단어처럼 추상적이다. 시인은 빈 방울을 한데 모아 큰 거품을 만든다. 흩어지길 좋아하는 모래알을 겹겹이 쌓아 단단한 형체를 만든다. 사라질 법한 장면들, 언젠가는 사라질 장면들, 오래된 기억들을 창고에 물건 쌓듯 차곡차곡 쌓는다. 관조를 일삼다가도 어느 순간 그는 언어를 채 썰어 커다란 냄비에 담는다. 딱딱하고 건조하기만 했던 언어에서 수분이 조금씩 새어 나온다. 주걱으로 조려지는 언어를 뒤집고 섞는다. 그렇게 그의 시는, 눈이 아닌 몸으로 만들어진다.

시집 1부는 아득한 바다를, 2부는 투명한 얼음 동굴을, 3부는 희미한 안개 속을, 4부는 새하얀 눈밭을 거니는 듯한 풍경이 펼쳐진다. 화자는 "아무렇지 않게 지나가면 정말로 아무렇지 않은 것이 될 텐데" 중얼거리며 주저하지 않고 계속 나아간다. 진짜 같은 가짜를 마음에 두고 진심인 것처럼 믿으며. 사랑할 줄 모르면서 사랑에 빠지는 것처럼. 우리는 가짜와 껍데기를 사실처럼 믿으며 어떤 시절을 진실처럼 살아가기도 한다. 이에 시인은 오로지 '마음'만이 진실의 자리에 들어설 수 있다고 말한다.

**구석의 자리에서
겨우 마음이 되려고 하는 이야기**

1부에서 4부의 모든 이야기는 결국 마음이 자리를 가지고 놓이게 된 근원들과 귀결된다. 시인은 아무도 없는 버스, 텅 빈 가게, 사람들이 모두 사라진 오후, 잃어버린 물건 등 희미하고 쓸쓸한 일상의 풍경을 면밀하게 관찰하면서 사라질 법한 존재들을 아름답게 예찬한다. 특히 2부에서는 시집의 정체성이 조금 더 두드러지는데, "빠져나간다" "쏟아진다" "흩어진다" "날아간다" 등의 동사들이 반복적으로 등장하면서 화자와 청자 모두에게 희미하고 서늘한 필터를 씌워준다. 그러면서도 자유롭고 광활히 떨어지는 물방울 아래에 "빈 바구니"를 둠으로써 사라져버릴 법한 모두를 하나로 모이게 한다. 정처 없이 헤매는 마음에 지정석을 둔다.

    3부에서 화자는 종종 관찰자가 된다. "휴" "프린팅" "레고" 등 인간 아닌 로봇의 삶이 좀 더 구체적으로 등장하면서 그들의 감정과 생각을 상영하고 "그" "그녀" "당신"의 풍경을 통해 제삼자의 객관적 시선을 끌어낸다. 시집 후반에는 유령이 되어버린 도시, 관 속에 잠긴 죽음, 폐허가 되어버린 집 등 어둡고 암울한 장면이 대거 등장하다가도 "떠나보내도 다시 돌아오도록" 어렴풋한 일들을 자연스레 다시 한데로 모은다. 그렇게 어느 순간 "찌그러진 캔"은 서서히 "단단한 형체"가 되어간다.

    4부는 흔적을 따라 이어진다. 눈밭에 남은 발자국, 우산꽂이에 꽂힌 우산, 아무도 타지 않은 자전거, 오래된 시계 등 남겨진 것에 대한 애틋한 예찬이 이어진다. 사물은 흔적을 갖고, 흔적은 다시 사물이 된다. 이곳에서 시인은 조금 더 쓸쓸해진다. "함께하고 있지만 하나가 될 수는 없는" 공간 속 사람과 사물, 기억과 사건들. 마음의 보풀은 그 일련성에서 태어난다. 외로워지려 할 때쯤 "흩어진 장면들을 모아 하나의 장면으로 응집"시키는 그를 따라, 마침내 "그곳에 있"는 모든 광경을, 우리는 보다 순수하게 기뻐할 수 있을 것이다.

    시집 『순수한 기쁨』은 "그늘"진 "구석"에 덩그러니 있다. 책들이 겹겹이 쌓인 테이블의 가장 맨 아래, 찾는 이는 모를 위치의 책장 가장 높은 곳에, 허리를 구부리거나 몸을 숙여야만 볼 수 있는 곳. 시간과 마음을 들여야만 가닿을 수 있는 곳. 그런 소심과 침묵이 잘 다려진 곳에 『순수한 기쁨』이 은은하게 있다.

발문

먼 곳 | 김현(시인)

죽어서가 아니라 인간을 '통과해' 유령이 된다는 시인의 말이
어두운 마음에 촛불처럼 타올랐다. "오늘 밤에는 누가 축복받을
수 있을까" 시인이 보여주려고 들려주려고 느끼게 해주려고 하는
한 마음을 여러 각도로 되짚어보았다.
 흩어진 마음, 엄마의 마음, 올라가고 싶은 마음, 지우려는
마음, 지키고 싶은 마음, 텅 빈 마음, 빠져나가는 마음,
좋은 미래가 오면 좋겠다는 마음, 젖지 않길 바라는 마음,
쌓아 올린 마음, 바라는 마음, 사라져도 좋을 마음, 슬픈 마음,
보고 싶다는 마음, 녹지 않는 마음, 소란한 마음, 납작해진
마음, 아무도 들여다보지 않는 마음, 버려진 마음, 위하는 마음,
힘들게 하던 마음, 부대끼던 마음.
 마음에 환장하는 게 시인 '종특'이라 해도 잔물결처럼
끊임없이 일렁이는 "하얀 파동들"을 가만히 지켜보다 보면
어느새 "마음은 볼 수 없는 것" 그러나 마음은 "없는 것처럼
보여도/ 눈앞에 있는 것// 비어 있는 것처럼 보여도/
가득 채워져 있는 것"이라는 시인의 편지가 담긴 유리병이
"검은 모래가 반짝이는 밤의 해변"으로 밀려와 있었다.

끊임없이
이동하는
생활을 타고
새로운 리듬에
도착하는 시

아침달 시집 42
김동균
『재재소소』

책소개

2020년 《동아일보》 신춘문예로 작품 활동을 시작한 시인 김동균이 등단 5년 만에 첫 번째 시집 『재재소소』를 출간했다. 신춘문예 당선 당시 "일상을 이야기로 벼리고 여기에 재기를 담아 삶에 대한 일반적 인식을 흔드는 힘을 지니고 있는 작품"이라는 평을 받으며 인상 깊은 시작을 알렸던 시인은, 그동안 발표해온 59편의 시를 첫 시집에 담았다. 일상을 자기만의 인식과 문법으로 재구성하며, 일상의 새로운 전개도를 완성하는 이번 시집은, 과도한 수사나 명징한 사유에 기대지 않고 끊임없는 관찰과 반복으로 일구어낸 새로운 리듬감을 선보인다.

　실생활을 감싸고 있던 시간과 공간을 교묘하게 변주하며 마침내 낯선 풍경으로 환원하는 시인의 시는 우리가 동시에 느끼던 것을 함께 곱씹고, 그 후로 새롭게 펼쳐지는 장면에서 각자의 반경으로 헤어지는 일처럼 느껴지기도 한다. 해설을 쓴 시인 이수명은 "김동균의 시는 존재성과 형식성과 외재성의 동력에 힘입어 폭넓게 전개되고" 있다고 이야기한다. 「금붕어」라는 동명의 세 편의 시를 토대로 읽어낸 시인의 시가 어디에서 어떻게 추동하는지, 어떤 형태로 나아가는지 알 수 있는 중요한 매뉴얼이 되기도 한다.

　　　출판사 서평

등단작 「우유를 따르는 사람」으로 시인 김혜순, 평론가 조강석으로부터 "일상을 이야기로 벼리고 여기에 재기를 담아 삶에 대한 일반적 인식을 흔드는 힘을 지니고 있는 작품"이라는 평을 받으며 작품 활동을 시작한 시인 김동균의 첫 시집 『재재소소』가 출간되었다. 등단 5년 만에 펴내는 이번 시집은 '이곳저곳 또는 여기저기'라는 뜻을 가진 제목처럼, 시 안에서 끊임없이 움직이고 이동하는 시인의 언어를 따라 생활이라는

아침달 시집 42
김동균 『재재소소』

반복이 재편된다. 시인의 시에는 과도한 수사나 미문에 기대지 않고 생활의 규칙을 집요하게 관찰한 뒤, 그 사이를 비집고 들어서는 리듬으로 변주하는 시인의 시선이 돋보인다. 생활이라는 견고했던 흐름을 뒤바꾸는 시인의 존재를 호명하는 방식은 마침내 한 권의 새로운 리듬으로 탄생한다.

총 4부로 구성된 이번 시집에는 59편의 작품이 수록되어 있다. 서로 맞닿아 있지 않지만 하나로 이어지는 듯한 인상을 준다. 이번 시집에서 주로 등장하는 일상의 공간들은 장소에 지나지 않고 일련의 '사건'처럼 전개되며 새로운 풍경으로 도약한다. 흐름이나 방향, 속도와 같이 눈으로 볼 수 없으나 삶을 구성해온 구두점을 불러와 평면적이던 삶에 높이와 깊이, 부피와 흐름을 부여하며 입체감을 더한다. 시인 김동균이 시를 시작하는 지점에는 어떤 존재에 대한 관찰과 파악, 그리고 그 존재와 함께 드리우는 주변에 대한 헤아림, 그리고 평범한 풍경을 새롭게 뒤바꾸는 작은 속삭임에 대한 귀 기울임에 있다. 생활이라는 틀에 고립되지 않고, 이와 같은 존재들과 함께 시편을 건넌다. 한 편의 시에서 다른 한 편의 시로 가는 간격은 넓지 않다. 시인의 시집 읽기는 새로운 보폭으로 이어진 징검돌을 건너는 일이 된다. 이 엇박자같이 비틀린 흐름을 느끼며 정형화되었던 생활의 인식을 낯설게 뒤바꾸는 체험이 바로 『재재소소』를 읽어야 하는 이유이기도 하다.

"잊지 말고 가장 늦게 도착하기로 한다"
실생활에서 종활까지로의 여정

이번 시집에서 자주 등장하는 시어는 '도착한다'라는 동사인데, 이는 시인이 시 안에서 끊임없이 움직이고 이동하고 있다는 뜻임과 동시에, 어떤 '기다림'을 종결하는 시인의 태도가

발행일 2024. 9. 4.　|　ISBN 979-11-94324-07-2 (03810)
144쪽　|　125×190mm　|　무선제본

담겨 있기도 하다. 베란다, 꽃집, 빵집, 도서관, 방, 산책로, 돌담, 테니스 코트 등 일상에서 흔히 볼 수 있는 공간성을 하나의 시적 사건으로 만드는 데에는 이렇듯 화자의 움직임과 화자가 바라보는 풍경의 움직임이 미묘하게 어긋나기 시작하면서부터이다. 계단을 고치거나 의자를 옮기는 일, 티셔츠에 그려진 바이크가 쏟아지거나 누군가에게 운동장을 나눠주는 일처럼, 불가능한 일을 아주 쉽고 간단히 다루는 시인의 세밀하고 견고한 시선에서 마침내 우리는 새로운 일상의 흐름에 '도착한다'.

머물렀다 금세 떠나기도 하는 푸드트럭, 베란다를 자꾸 서성이는 사람, 도착한 곳에서부터 꽃집이 시작된다고 말하게 되는 거리 등 시작과 끝이 언제나 동반되어 있는 공간성은, 시인이 시의 제목으로도 이야기하는 '실생활'과 '종활'의 여정을 그리는 데 성공한다. 자유자재로 전복되는 일상의 개념들은 시인의 새로운 리듬을 탄생하는 데 중요한 바탕이 된다. "잊지 말고 가장 늦게 도착하기로 한" 화자가 있었기에 계속해서 겨눌 수 있는 실생활의 풍경이기도 하다.

시인 이수명은 해설 「금붕어 이야기」를 통해 시집에 수록된 세 편의 동명 시 「금붕어」를 각각 존재성, 형식성, 외재성으로 읽어내며 시인의 시집 입구에서 각별하게 헤아려보아도 좋을 이야기를 전한다. "김동균의 세 금붕어 시들은 사실 어떤 진행도, 단계도, 변증법도 아니다. 이 시들이 보여주는 것 같은, 일종의 삼각 편대 안에서 그의 문학은 움직이고 있다. 사물에 대한 깊은 응시와 동행(존재성), 이를 언어로 이동시키는 일(형식성), 언어의 독자적 비행(외재성)이라는 편대 말이다. 우선 사물의 존재성에 대한 이해와 동행은 압축된 페이소스를 보여준다는 점에서 눈길을 끈다"라고 언급한다.

일상이라는 견고한 반복을 도착하면 다시 떠나게 될지도

모르는 불연속으로 뒤바꾸는 시인의 새로운 리듬은, 독자들에게 새로운 길을 내어줄지도 모른다. 어디에나 갈 수 있으며 또 어디에도 없을 수 있다는 시인의 작은 분주함을 따라 가보면 좋겠다.

발문

금붕어 이야기 | 이수명(시인)

김동균의 시는 존재성과 형식성과 외재성의 동력에 힘입어
폭넓게 전개되고 있다. 이 가운데 어느 성향이 두드러지든
그의 탐구와 고민을 반영한다고 할 수 있다. 시집 전체에서
이 세 가지 축이 살아서 움직이는 중이다. 이들이 활발하게
작동하는 중이어서 그의 시가 앞으로 어떻게 움직여나갈지
예단하기는 쉽지 않다. 하지만 어느 쪽으로 더 심화되고
날카로워져도, 어느 한쪽으로 시 세계가 확립되어도,
그의 문학의 출발점이 되는 첫 시집에서 이 편대를 확인하는
것은 의미가 있다고 할 것이다. 이것은 아주 넓은 벌판이어야만
가능한 대진이며, 이 편대를 꾸려나가는 것은 지속적으로
광폭의 모험과 행보가 전제되기 때문이다. 시에 대한 힘난한
애정이 여기 가로놓여 있다. 문학의 운명, 소박하게는
문학의 얼굴을 매 편의 시에서 확인하는 김동균 시의 염결성은
여기서 비롯된다.

침묵만이
상연되는 무대
영원히
끝나지 않을
튜토리얼

아침달 시집 41
기원석
『가장낭독회』

발행일 2024. 8. 1. | ISBN 979-11-94324-50-0 (03810)
152쪽 | 125×190mm | 무선제본

책소개

기원석의 『가장낭독회』가 41번째 아침달 시집으로 출간됐다. 2018년 《시인수첩》으로 작품 활동을 시작한 지 6년 만에 선보이는 첫 시집으로, 극시(劇詩)라는 독특한 형식을 통해 제한적 공간인 무대에서 말이 어떻게 우그러지고 휘발되는지 보여주면서 결코 멈출 수 없을 시 쓰기와 낭독의 미래를 시 42편에 담았다.

추천사를 쓴 시인 정한아는 기원석의 시를 "작가와 독자의 가학적이고 피학적인 역할 놀이에 대한 우리의 무의식적인 향유에 대한 충혈된 의식의 집요한 채찍질"이라고 평한다. 시 속 화자들은 서로 자기가 쓴 원고를 들고 읽으려고 뒤섞이다가 아무것도 읽지 못하고 자리를 떠난다. 관객이 객석을 떠나는 것이 아니라 객석이 관객을 잃는 듯한 이상한 전복은 말과 대화의 관계와도 유비된다.

'나'라는 본편을 시작할 수 없이 '튜토리얼'만 반복되는 세계에서 침묵으로 침잠하는 편을 택하는 태도는 시 쓰는 작가로서의 자신을 향한 열렬한 분투를 드러내고 빈자리까지도 읽어줄 독자를 지켜준다. 그들은 모두 낭독회에 새로 초대될 문장이고 객석이다.

출판사 서평

2018년 《시인수첩》 신인상으로 등단하며 작품 활동을 시작한 시인 기원석의 시집 『가장낭독회』가 출간되었다. 이번 시집은 그가 시를 쓴 지 6년 만에 펴내는 첫 시집이다. 4부 구성으로 총 42편의 시가 수록되었다.

시인의 시는 마치 연극 공연에서 무대 배경이나 장치를 수시로 바꾸듯 다채로운 시적 정황을 펼쳐두고 독자들을 초대하는데, 정작 초대장을 받은 독자들이 관객으로 들어서면 무대는 암전되어 어두워지고 그대로 공연이 시작된다. 관객은 객석에 앉아도 소외되거나 종종 무대에 끌려가 배우와 교환된다. 이러한 화자들은 시에서 설계된 그로테스크한 상황에 감화되지 못한 채 서로 대화하기도 하고 객석을 향해 혼잣말을 하기도 한다. 하지만 말은 거의 "시가 되지 않는 문장들로 이루어져 있"(「튜토리얼」)어서 소통은 단절되고, 혼재되는 언어의 혼란 속에서 독백이나 방백 처리되며, 차라리 자신을 "침묵 속에서 다시 읽어주"(「마지막 시」)라고 권유한다. 말하자면 백지라는 무대는 시인이 시를 쓰는 순간 암전되어 온통 암흑으로 뒤덮이고, 우글거리는 문장들은 의미가 전달되는 대상 없이 부유하여 먼지 속에서 떠돌면서 침묵을 상연하는 것이다. 기원석이 말하는 침묵은 말하기를 포기하거나 말하는 도중에 입을 다무는 정도가 아니라 거듭하여 말하기를 반복하는데도 불구하고 세계와 독자에게 전달되지 못해 스스로 말을 창살에 가두어버리는 행위로 확장된다.

　이번 시집에서 보여주는 삶은 모두 일종의 게임 속 '튜토리얼'을 반복하는 형태로 그 의미를 드러낸다. "튜토리얼은 반복을 직조"(부록 「제목을 입력해주세요」)한다는 시인의 말처럼, 삶의 주인은 좀처럼 내가 될 수 없고 오로지 세계의 매뉴얼을 익히는 데에만 온 힘을 다 쓰게 된다. 시집은 튜토리얼이라는 같은 제목의 시를 여섯 번 반복하여 수행한다. "그러나 다음에 읽을 시는 너를 절망하게"(「튜토리얼」) 하고, "기원석은 본편에 영영 진입하지 못한 채" "다시 튜토리얼에 앞에 서 있"고(「튜토리얼」), "지루하겠지만 잘 있어 보"(「튜토리얼」)라고 말한다. 삶은 이미 정해진 세계의 법칙과 구획을 바탕에 두고 말과 동작을 수행하기 위해 조작법을 익히는 연습이라는 것이다. 그러니 시인은 튜토리얼만 반복되는 세계에서 시를 쓰며 나 자신을 위해 다양한 이야기를 마음껏 펼칠 수 있는 무대만이라도 원할 수밖에 없다. "모두가 무대 밖으로 뛰쳐나온다"(「과묵한 이발사」)고 할지라도 시인만은 무대에 '이야기꾼'으로 홀로 남아 이야기를 마저 한다.

R 버튼과 X 버튼 사이에 앉아
박수갈채를 받는 수감자

"간격 없는 반복"(「CONFIDENTIAL」)으로 시를 건너오면 4부 첫 시로 「마지막 시」를 만나게 된다. 여기서부터 시인은 두 가지 버튼을 준비한다. R 버튼과 X 버튼, 그것들은 각각 다른 기능을 가지고 있지만 "키 설정"(「막」)을 잘못하면 삶이 곤란해질 수가 있다. 화자도 독자도 마지막 문장에 도달하면 R 버튼을 눌러 처음으로 돌아갈 수 있고, 누군가의 죽음을 애도하기 위해 X 버튼을 눌러 다음으로 넘어갈 수 있다.

그리고 시인은 이 삶을 애초에 배우와 관객만 주기적으로 교체되는 세계로 인식하고 있으며 각자의 의미대로 펼치고 있는 이 "공연은 한 번 퇴장한 뒤 재입장"할 수 없다고 말한다. 이 세계는 처음부터 "버그"에 걸렸지만 수없는 튜토리얼을 진행해도 삶은 원하는 대로 구성되지 않는다. 아무도 바라봐주지 않는 무대는 아무리 혼신의 연기와 대사를 펼치더라도 죽은 영혼이 떠도는 구천과 다르지 않을 것이다. 매 순간 투명한 창살에 가둬진 듯한 기분은 곧 삶을 실재하는 감옥으로 받아들이게 된다. 시인은 자신이 쓴 시집의 독자일 뿐, 그 밖의 다른 영향력은 펼치지 않는다. 다만 모든 공연이 종료되는 시점에서 어떤 내용이 끊임없이 삭제되다가 마지막에 우리에게 묻는다. "진짜 삶이 우리를 죄다 비우기 전에" 내용을 삭제하겠느냐고. 하지만 이미 내용은 삭제되는 중이고 질문은 괄호에 갇혀 그마저도 삭제된다.
　시를 쓰는 모든 시인은 감옥에 갇힌 수감자. 빛보다는 어둠에 더 감응하며 시에 자신을 비추는 내용을 적는다. 기원석은 "너를 움켜쥐는 어둠"을 "나의 내용"(「암시집」)이라고 말한다. 시의 투쟁이란 바로 "박수갈채"가 전부 "음향 효과"임을 알면서도 무대 위에서 자신의 시를 끝까지 낭독하는 일일 것이다. 시에서는 누구나 얼굴과 몸과 태도를 거짓으로 가장(假裝)할 수 있다. 그리고 시인은 어김없이 낭독회를 꾸려 독자들을 초대할 것이다. 이 무대를 시작하려면 우선 빈 의자들부터 깔고 아무도 오지 말아야 한다.

추천사
거대한 회전식 무대에서 | 정한아(시인)

이 시집에는 신변잡기를 제거한 거대한 회전식 무대가 있다. 이 무대 위에서 우리는 각본의 작가가 되었다가, 배우가 되었다가, 연출가가 되었다가, 무대 감독이 되었다가, 관객이 되었다가, 이 모든 것을 지켜보고 있는 우주인이 되었다가, 작가를 죽였다가, 관객을 죽였다가, 배우를 죽였다가, 무대를 다 부수고 다시 짓고, 이 모든 일을 되풀이한다. 그리고 거기에서 마주하기 싫어 한사코 피하고 싶었던 자기 자신과 대면하게 된다.
    그것은 자기 자신에 대한 심문이며, 작가와 독자의 가학적이고 피학적인 역할 놀이에 대한 우리의 무의식적인 향유에 대한 충혈된 의식의 집요한 채찍질이며, 이 심문과 채찍질이야말로 가장 가학적이고 피학적인 창조주-작가 메타포의 궁극적인 동력이라는 것을 확인하고 거듭 해체하고 다시 직조하는 작업이다.

탄생과 죽음으로
그린 사랑의
홀로그램
부서진 존재를
깨우는
빛의 의지

아침달 시집 39
이유운
『유리유화』

책소개

이유운의 첫 번째 시집 『유리유화』가 아침달 시집 39번째로 출간되었다. 여러 산문집을 통해 사랑과 상실로 견고히 세운 텍스트를 온몸으로 통과해온 시인이 등단 5년 만에 선보이는 첫 시집이다. 이번 시집은 어떤 세계로도 투과되지 못하고 불투명하게 남아 있던 빛의 잔해를 따라 탄생과 죽음의 변죽으로 향해가는 과정이 담겨 있다. 탄생의 근원적 경위를 소문이나 미신, 신앙과 같은 신화적인 이야기로 발산하면서도, 애도와 상실을 지나며 슬픔이 낳은 또 다른 생명에게서 계속 태어나는 자신을 발견하기도 한다.

    이유운의 시는 믿음과 의심, 탄생과 죽음 사이 반투명의 상태로 놓여 있는 사랑의 형상을 지니고 있다. 혼란스러운 경계에서도 사랑을 통해 새로운 질서를 만들고 새로운 심판을 하게 만드는 의지를 비춘다. 이번 시집은 양극의 세계를 동시에 투영하는 빛과 애도하며 떠돌던 그림자가 동시에 그려낸 한 편의 '유리유화'다. 높은 투과율로 사랑의 연원에 다가서고자 했던 시인의 고투가 아릿하게 펼쳐져 있다.

출판사 서평

2020년 《경인일보》 신춘문예로 등단하고, 시산문집 『변방의 언어로 사랑하며』를 비롯 『사랑과 탄생』, 『산책채집』을 출간하며 독자들에게 사랑에 관한 단상과 사유를 내밀하게 전해온 시인 이유운의 첫 번째 시집 『유리유화』가 출간되었다. 이번 시집에는 4부 구성으로 총 44편의 시가 수록되었다.

    탄생과 죽음이라는 삶의 매듭을 풀었다 묶었다를 반복하며, 자신의 존재적 근원을 찾아 떠나가는 이번 시집에는 신화적이면서도 소문처럼 무성하기만 했던 이야기를 구체적으로 데려와 새로이 구축한다. 그 이야기를 풀어가는 과정에서 자주 초대되는 '빛'에 관한 탐구는 화자의 의지로써, 세계와의 접촉으로써 발현되며 시를 읽어가는 주요한 주춧돌이 되기도 한다.

　1부에서는 자신의 세계를 구성하고 있는 가족이나 이웃의 자리를 뒤바꾸며 새로운 질서를 만들어 이야기한다. 서로를 돌보거나 가르치는 일, 기르거나 보살피는 일과 같이 존재가 서로에 기대어 있을 때를 반추하며 나타나는 시의 새로운 배경들이기도 하다. '나'의 형상을 하면서도 동시에 내가 낳은 아이가 되는 대상을 길러내고, 자라나는 환경 자체를 풍경으로 비추어보기도 한다. "아이의 얼굴에 처음으로 여자의 이목구비가 떠오를 때, 표정이 모두 사라"(「상실의 집에서 자라는 여자아이의 얼굴은」)지는 순간, 시인의 이야기가 시작된다. 또한 '집'이라는 삶의 근원적 터전을 뒤흔드는 이야기의 각색을 통해 자신이 정말로 원하는 이상적 세계에 대한 갈망과 동시에 삶을 뒤흔들어보는 이야기의 방식으로 살아감에 새로운 의지를 재구성해나간다. "나 아름다운 집에 살고 싶어/ 빛이 살결처럼 흐르는"(「하지의 설계도」)이라고 말하며 구체적으로 '빛'을 경유해 삶과 죽음의 변죽을 탐험하기 시작한다. 2부는 그런 의미에서 새롭게 열린 시인의 세계이자 믿음과 의심, 신앙적으로 응시하며 탄생과 죽음을 극대화한다. "언제든 죽일 수 있을 것처럼 보였지/ 함부로 사랑할 수 있을 것처럼 보였고"(「도끼날과 혼동되는 유리잔」) 한 통로 속에서 드리워 있는 탄생과 죽음의 연결부를 잠, 순례, 소문과 같은 내러티브로 구성하며 새로 구축한 세계에 마침내 도착하게 된다.

탄생에 대한 빛의 종언
죽음에 관한 빛의 연장술

3, 4부에서는 세계에 대한 애도와 사랑의 대상이 좀 더 명확해진다. 그리고 '꿈'이라는 매체 속에서 상실과 죽음을 잇고 연결하는 모습도 읽어낼 수 있다. 소멸될 수밖에 없는 존재의 유한함을 꿈의 무한함으로 옮겨와 풀어내지 못한 이야기에 발언권을 주듯이, 시인은 그 경계를 오가며 중계자가 되기도 한다.

시인은 탄생과 죽음을 혼동시켜 삶을 입체적으로 재구성한다. 그리고 그 안에 내재되어 있던 낡은 질서를 처치하고 새로운 사랑에 숨을 불어넣는다. 1, 2부에서 '빛'의 문법으로 세계를 거슬러 올라갔다면 3, 4부에서는 사랑의 연원을 헤집으며 사랑의 주체로서 실천하려는 움직임이 된다. '유리유화'처럼 어떤 특정한 속성으로 규정할 수 없는 가변적 윤곽을 지니는 이야기들 끝에서 "나는 내가 너무나도 가지고 싶었다"(「나무상자 깊숙이」)라는 근원적 물음에 대답할 수 있는 '몸'이 된다. "나에게 짐승이란 내가 되고 싶은"(「유리유화」) 일이었음을 깨닫는 것은 빛의 문법으로 새롭게 지은 세계에서 처음 한 일일지도 모른다. '태어남'의 역설은 대상을 더욱 흐릿한 존재로 만들면서도 바로 그 주체의 '사라짐'을 새로운 탄생으로 명명함으로써 삶과 죽음이 마치 하나의 줄로 팽팽히 연결되는 긴장감을 통해 세계 속 거대한 비의를 획득한다.

시인은 탄생 자체를 종언하듯 살아온 시간에 벌어진 틈새 같은 상처를 아프게 읽어내면서도, 동시에 그 틈으로 빛을 투과시키며 새로운 홀로그램 형체의 세계를 빚는다. 그곳에서는 죽음을 죽어버린 시간이 아니라 살아가야 할 시간으로 환원한다. 사랑과 애도의 형태로 죽음을 연장시키는 이 빛의 의지가 우리 마음에 닿았을 때 어떤 풍경을 출력하게 될지, 우리는 이 이야기를 붙들고 『유리유화』의 풍경을 헤매도 좋을 것이다.

발문을 쓴 평론가 전영규는 "사랑에 대해 말하는 당신의 문장에서, 사랑하는 대상과 당신 사이의 미묘한 거리 두기를 감지"한다고 이야기한다. 무수한 사랑 속에서 일정한 거리를 남기며 "사랑이라는 잔상을 남기는 신비한 현상"을 시인의 작품 속에서 발견하기도 한다. 무엇보다도 '사랑'을 대하는 시인의 태도들에 집중하며 "당신의 기대에 부응하며 살기 위해 이 세상에 존재하지 않으며 당신은 나의 기대에 부응해서 살기 위해 이 세상에 존재하지 않는다는 것을 아는 일"이야말로 시인의 태도라는 것을 주목한다.

    시인은 오랫동안 점유하고 있었던 존재와 감정의 자리를 뒤바꾼다. 그 혼돈을 스스로 야기하는 반투명 상태의 사랑을 통해 새롭게 믿고 싶은 것을 의심한다. '나'의 죽음과 애도를 통해 '나'를 다시 태어나게 하는 빛의 문법으로 시인은 다시 반듯하고 가지런한 사랑을 향해 떠난다.

발문

당신의 고독과 사랑이라는 신앙과 사랑을 갈망하는 우리의 마음이 함께하기를 | 전영규(평론가)

새로운 성경 구절을 만들어 기도를 해주던 당신의 사도처럼, 나도 당신을 위한 문장을 남기고 싶습니다. 당신을 포함해 우리에게 사랑을 가르쳐준 자들과 내가 사랑하고 나를 사랑하는 자들을 위한 문장들. 그럼에도 불구하고 다시금 사랑에 빠져 무언가를 읽거나 쓰면서 건강하고 충실한 사랑을 이어갈 모든 이들을 위해.
    당신의 고독과 사랑이라는 신앙과 사랑을 갈망하는 우리의 마음이 함께하기를.
    영원과 잠깐 모두 몰라도 될 때까지
    글 쓰고 사랑하는 유운에게.

싸우듯이,
혹은 파티하듯이
별 무리처럼
쏟아지는
목소리들의
하모니

아침달 시집 38
나혜
『하이햇은 금빛 경사로』

책소개

나혜의 『하이햇은 금빛 경사로』가 38번째 아침달 시집으로 출간됐다. 독립 문예지를 비롯한 여러 문학 프로젝트에서 활동해온 시인 나혜의 첫 시집으로, 「스틸」 외 42편의 시가 수록되어 있다. 시인 배시은은 나혜의 시를 두고 "아름답게 비틀린 한 치 앞의 미래"라고 말한다. 나혜가 그리는 아름다운 시의 풍경이 미래를 향해 펼쳐져 있기 때문일 것이다. 시인은 일상을 파괴할 듯이 육박해오는 현실로부터 도망가지 않고 미래를 상상한다. 그리고 "나의 미래는 그것이어야 한다"라고 시인이 선언할 때, 이 무수한 웅성거림이 가득한 시의 공간은 대결이 벌어지는 링 위이거나 동질감을 느끼는 무리들의 파티장이 된다.

출판사 서평

나혜의 첫 시집을 펼치자마자 독자가 알 수 있는 점은, 이 시집 안에서 목소리들이 휘몰아친다는 사실이다. 이 시집에는 읽는 것이 아니라 들리는 것처럼 느껴질 만큼 활자보다 목소리에 가까운 문장들이 가득하다. 곧이어 독자는 '너'를 향해 계속되는 이 목소리들에 격한 감정이 담겨 있다는 것 또한 느낄 수 있을 것이다. 기쁨과 슬픔, 우울과 화가 마구 뒤섞인, 시 속의 표현대로라면 "기쁨과 슬픔이 한통속"이 된 것 같은 그 감정은 서로 다른 음들이 모여 이룬 화음처럼 울려 퍼진다. 시인은 이 목소리들로 무엇을 들려주고자 하는 것일까?

우리의 삶은 날마다 "사랑과 미움"이 반복되는 아수라장이다. 사람들은 날마다 이 감정의 해일을 헤치며 내일이라는 미래로 나아가기를 반복하는데, 이것을 우리는 생활이라고

아침달 시집 38
나혜 『하이햇은 금빛 경사로』

부른다. 감정은 생활 속 모든 것들로부터 솟구친다.
너를 비롯한 대상들로부터, 나와 대상들이 얽히는 사회로부터,
또한 나 자신으로부터. 그 감정이 어디에서부터
비롯되었는지와는 관계없이, 해소되지 못한 채 여러 감정들이
한 사람 안에서 뒤엉키는 순간 그의 인생은 재난이 된다.
이러한 재난에서 벗어나기 위해 감정의 해소가 필요하다.
해묵은 감정을 해소하는 방법은 잘 알려져 있다. 맞서 싸우기,
소리 지르고 노래하기, 웃고 떠들기 등등. 나혜의 시는
그 모두를 동시에 한다.

육박해오는 현실로부터 나혜 시의 화자들은 두려움을 느낀다.
날마다 다가오는 미래는 그저 아름답기만 한 것은 아니다.
"어제오늘이 아닌 것들 무서워 내일인 것들 무서워"라고 말하는
바대로, 지나간 것들보다는 다가올 것들이 두려운 것은 보편적인
심정이다. 시인은 이 두려운 미래를 회피하고 도망치기보다는
맞서 싸우기를 택한다. 이때 시인이 택하는 방법은 미래를
상상하고, 이를 언어로 구현하는 것이다. 상상하는 아름다운
미래로 나아가기 위해서 시인이 말하고 움직일 때, 시의 언어는
단순히 상상과 무위에 머무르는 것이 아닌 분투의 목소리가 된다.
두려운 것을 원하는 것으로 비틀 수 있도록 상상하고 염원하는
힘이 시에 있다는 듯이. "시가 나를 그렇게 만들었다"라고
시인은 말한다. 시인에게 시는 죽음으로 다가올 미래의 힘을
견딜 수 있게 만드는 힘이다.

나혜의 시에서 벌어지는 난투와 파티는 개인의 안락만을
지향하지 않는다. 그 장면들 속에는 경험과 느낌을 공유하는
일을 통해 한시적으로 만나는 '우리'가 있다. 그들이 갖는
공통된 느낌은 미래를 움직이는 중요한 유산이 되기도 한다.

시의 독자들은 느낌들로써 연결되고, 그 연결은 미래의 풍경을 변화시킬 가능성이 되기 때문이다.

  시집 말미의 부록에는 작가 이옥토의 사진이 수록되어 있다. 「해설」이라는 제목 아래에서 흐르는 작가 이옥토의 흑백사진은 문자 언어를 대신해 사진 이미지로 나혜의 시를 읽어내고자 하는 시도이다. 마치 「검정강」이라는 시의 풍경을 옮겨놓은 듯한 사진들이다. 선명함과 흐릿함 사이를 오가고, 나뭇잎과 창문을 뚫고 쏟아지는 사진 속 빛의 율동을 통해 언어적 설명만으로는 전해지지 않을 느낌들 또한 독자에게 가닿기를 바란다.

추천사

미래와 맞서 싸우기 | 배시은(시인)

시인은 미래에 가 있는다. 미래에 가 있는다는 것은 미래를
제압했다는 뜻이다. 곧 뒤따라올 너를 기다린다는 뜻이다.
네가 읽게 될 다음 문장을 이미 써놓았다는 뜻이다. 시인이 먼저
가 있는 미래를 좇는 방법은 부지런히 다음 문장을 읽는 것뿐이다.
이미 지어진 시를 근소한 미래로 본다면. 눈 깜짝할 사이는 될까
말까 한, 현재와 별다를 바가 없어 보이는, 그러나 확실하게
잠시 동안 앞서 있는 미래로 본다면. 시인은 지금 당장 너를 맞이할
모든 준비를 끝냈다.
  시인은 시로서 생활을 견딜 수 있는 온갖 방법을 총동원한다.
온몸으로 미리 맞서야 하는 일들에게 "새것처럼 화"를 낸다.
"우리 기쁜 척할 수 없고 그만둘 수 없"기 때문이다. 쏟아지는
이 말들은 선언인가? 위로인가? 다짐인가? 명령인가? 노래인가?
주문인가? 알 수 없이 아름답게 비틀린 한 치 앞의 미래가
너를 이끌고 간다. 생활 안에서 생활을 초월한 파티로 데리고
간다. 생활을 짓이겨 재조합하여 견딜 수 있게 한다. "모든 걸
느껴"버리는 방식으로 살아 있게 한다.
  너는 시인이 안내하는 미래를 기다려왔다. 미래와 맞서
싸울 수 있는 방법을 홀로 고안해왔다. 누군가가 너를 다 안다고
말해주기를 간측하게 바라왔다. 너는 살아 있고 싶었다.
시인은 살아 돌아오는 이야기를 믿는다. 다음이 있다는 걸 믿지
않고도 미리 다음에 가 있으면서 그 사실을 확인시켜준다.
너는 반드시 살아 돌아온다. 이제 상상한 모든 일이 가능하다.
괴로움 속에서는 괴롭다고 말하기. 작별 인사를 통해 완전히
작별하기. 시인은 시로서 흥얼거린다. 흥얼거림으로써
미래에 대항한다. 미래의 "기운이 움직이는 것 같"다. 여기에서
저기로. 나에게서 너에게로.

74

잠든 사람을
깨우는
새 생명처럼
품 안에서
꿈틀거리는
기도의 노래

아침달 시집 37
숙희
『오로라 콜』

발행일 2024. 3. 14. | ISBN 979-11-89467-57-9 (03810)
166쪽 | 125×190mm | 무선제본

　　　　책소개

숙희의 첫 시집 『오로라 콜』이 37번째 아침달 시집으로
출간됐다. 숙희는 이번 시집 출간을 통해 작품 활동을 시작하는
신인이다. 시인 백은선은 추천사를 통해 숙희의 시에는
"냄새나고 생동감 있는 육신을 가진 여성성"이 있다고 평한다.
　　희미하고 무성적인 존재들이 아닌, 꿈틀거리는 욕망을 가진
화자들이 '아기'라는 상징을 통해 생명이라는 근원을 만져보려
한다는 점은 숙희의 시가 지닌 개성이다. 그 시의 화자들은
계속해서 비틀린 세계와 관계를 응시한다. "무엇을 알기 위해서
무엇이 되기 위해서". 숙희의 시는 설령 가져보지 못한 것이고
오지 않을 것이라 하더라도 그것을 기다리는 기도의 노래다.

　　　　출판사 서평

숙희의 첫 시집 『오로라 콜』이 37번째 아침달 시집으로
출간됐다. 숙희는 이번 시집 출간을 통해 작품 활동을 시작하는
신인이다. 시인 백은선은 추천사를 통해 숙희의 시에는
"냄새나고 생동감 있는 육신을 가진 여성성"이 있다고 평한다.
희미하고 무성적인 존재들이 아닌, 꿈틀거리는 욕망을 가진
화자들이 '아기'라는 상징을 통해 생명이라는 근원을 만져보려
한다는 점은 숙희의 시가 지닌 개성이다. 그 시의 화자들은
계속해서 비틀린 세계와 관계를 응시한다. "무엇을 알기 위해서
무엇이 되기 위해서". 숙희의 시는 설령 가져보지 못한 것이고
오지 않을 것이라 하더라도 그것을 기다리는 기도의 노래다.

숙희의 시는 어느 새벽의 기다림에서부터 시작한다.
극지와 가까운 호텔에서 오로라 현상이 발생할 때 깨워주는
전화를, 숙희의 화자는 자신의 방에서 기다린다.
　　전화는 당연히 올 리 없다. 그 기다림은 실패할 것이다.

아침달 시집 37
숙희 『오로라 콜』

자신의 방은 극지도 아니고 호텔도 아니므로. 창문을 열면
불 켜진 가로등이 보이고, 그 위로 빛나는 별 대신에 인공위성이
보인다. 헛된 기다림일까? 그러나 그 불가능한 기다림을
시작하면, "나도 그것을 볼 수 있을 것 같고/ 빛의 휘장을 따라
달리기를 할 수도 있을 것 같"다는 마음이 생긴다.
　　　불가능한 현재의 시간에 가능할 수 있는 미래의 시간을
끌어오는 상상력은 그 자체로도 오로라 빛처럼 아름답지만,
아름다움만을 우선시하다 보면 왜 그러한 상상력이
필요한가라는 질문을 놓칠 수 있을 것이다. 왜 그러한 기다림의
힘이, 버티는 힘이 시 속 화자에게 필요한 것일까. 왜 그 화자는
"가져보지 못할 것을 그리워"하고, 불면을 앓고 있으며,
일상 속 어디에서나 초조해하고 있을까.

시인 백은선이 숙희의 시를 두고 "냄새나고 생동감 있는
육신을 가진 여성성"이 있다고 언급했듯이, 숙희의 시에는
성과 몸에 관한 관심이 솔직하고 생생하게 드러나 있다.
「랑헨에서」라는 시에서 보이는 저 벗은 몸들에 대한 긍정을 보자.
본능적인 성적 호기심이 솔직하게 투시되고 있는 저 장면은
외설을 넘어서는 중이다. 바닷속에서 벗은 여자와 남자를 보던
시선은 모래사장으로 내려오며 어린아이의 반짝이는 젖은
몸으로 향한다. 사랑의 행위와 그 증명을 은유하듯, 벗은 몸들이
빛나는 풍경과 하나가 되는 순간이다. 그 순간은 너무 아름답게
보이기에 현실에 속해 있는 것처럼 보이지 않는다.

숙희. 시인이 우리 주변에 너무나 많을 듯한 그 이름으로 시를
시작하게 된 것은 암시적이다. 순수했던 성적 욕망은 일그러진
사회를 따라 왜곡되어 전해지기 때문이다. "내가 자위를
배웠다고 해서 나를 강간해도 된다는 뜻은 아니"지만 오늘은

여전히 '너에게도 문제가 있다'고 말하는 세상이다. 이러한 성적 통제 속에서 결국 계속해서 여성은 참아야 하고, 또 죽게 된다. 이는 전혀 시적인 은유가 아니라 기사로 보도되고 있는 현실들이다. "너무 자주 들리는 사이렌 소리"처럼 숙희의 시집 속에서 반복되고 있는 죽음 이미지들은 그러나 여성의 죽음에만 머무르는 것이 아니다.

사랑을 통한 몸의 결합을 통해서, 또한 그중 여성의 몸을 통해서 아이는 탄생한다. 그러나 오늘날 고된 삶 속에서 우울과 죽음에 더욱 가까워진 여성들은 이제 새 생명 낳기를 선택하려 하지 않고 있다. 아마도 그것이 자신의 불행뿐 아니라 아이의 불행으로까지 이어지는 일이라 생각하기 때문일 것이다. 안정된 사랑의 결합이 어려워진 현실 속에서 아이의 존재는 때로는 지워지고 때로는 나타나면서 가능과 불가능을 오간다. 인류의 역사라는 관점에서 보자면 이는 금방이라도 사라질 듯이 깜빡이는 미래의 시간이다.

    이러한 죽음이 인간 종에만 한정되진 않는다. 일례로 저자는 시 「제한수역」에 "우리들이 매일 사용하고 버린 것들이 다 사랑이었지/ 플라스틱/ 인류애였지"라고 쓴다. 인간 종의 사랑이 쓰레기가 되고 다른 종과 이 세계의 죽음을 야기한다는 사랑의 아이러니가 드러나는 이 시는, "사는 것이 민폐임을 모르는/ 이십일 세기의 바쁜 시민들"의 존재 자체가 원죄에 가깝다는 죄의식을 다시금 떠올리게 한다.

    이러한 절망들에도 불구하고, 결국 숙희가 기다리는 미래는 죽음만은 아니라는 것을 독자들은 알게 된다. 시는 미래의 시간을 죽음의 편보다는 새 생명의 편에서 바라보고 있기 때문이다. 그 아이들은 어쩌면 지금까지와는 다른 방식을 통해서 탄생하는 것일지도 모르겠다는 예감 또한 여기에 있다.

방에서 오로라를 기다리는 일이 불가능에 가까운 기대라고 할지라도 숙희는 포기하지 않는다. 시의 말미에서 거짓말처럼 벨이 울리듯이, 그 시간이 오리라는 믿음에는 꿈틀거리는 생명력이 있다.

추천사

영혼을 치고 지나가는 빛의 휘장 | 백은선(시인)

여기 한밤중 전화를 기다리는 사람이 있다. 언제 일어날지 모르는 일이 일어났을 때만 울리는 전화가 있다. 바로 '오로라 콜'이다.
전화를 기다리는 장소는 나의 방. 어쩌면 결코 오지 않을 것을 기다리는 것. 무의미한가? 올 것을 기다리는 것은 당연한 것. 오지 않을 것을 알면서도 기다릴 때만 시작되는 태도가 있다.
"무엇을 알기 위해서 무엇이 되기 위해서/ 선잠에 들었다"
깰 때/ 가져보지 못한 것을 그리워할 때(「오로라 콜」)" 그런 불가능이 가능해지는 태도가 열리는 순간 만나게 되는 질문이 있다.

"꽃의 줄기를 해부했던/생물학자들의 밤은 얼마나
고요했을까(「꽃이 죽었다는 것을 언제 알게 되나요」)"
"새하얗고 새까맣고 새빨간 문장이라는 게 있을까
(「태초에 마음이 존재했다」)"
"그러니까 진짜 마지막을/ 그 순간을 알 수 있을까(「종로」)"

이 질문들을 관통하는 것은 '지금 나는(혹은 우리는) 무엇을
위해 이것을(존재하기, 쓰기, 죽기, 사랑하기) 수행하는가?'로 수렴될 수 있을 것이다. 알 수 없는 것들, 언제 일어날지 모르는 일.
또는 이미 다 틀렸다는 걸 알면서도 포기할 수 없는 것들
(이미 포기했지만 다시 포기해야만 하는 잔디 같은 것들). 오로라 콜을 기다리는 자세와 닮은 질문들이다.

숙희의 시 속 여성은 근래 다른 시들에서는 보기 드문 여성의 욕망과 절망을 보여준다. 희미하고 무성적인 존재가 아닌, 냄새나고 생동감 있는 육신을 가진 여성성. 거기서 발견할 수

있는 것은 무엇일까? "아기는 필요 없지./ 내가 도착할 곳은 부드러웠던 과거가 아니니까.(「이상형 이분법」)"
"모든 착한 여자애들은 죽기 전에 지옥에 갔대(「지나가던 파랑이 검정을 흉내 내며 웃었지」)"라고 발화하는 마음은 어디서 도래했을까?

　　숙희의 언어에는 욕망이 드러나 있다. 비뚤어진 관계를 집요하게 들여다보는 시선은 마치 가시가 많은 거울 같다. 그 안에는 결코 '하나가 될 수 없는 우리', '이미 하나인 순간에도 어긋나는 중인 우리'가 끝없이 등장하는데 그것은 요원함과 절실함의 척추를 꼬아 지어진 허방의 집 같다. 발밑은 까마득하고 머리 위는 충분히 캄캄하지 않은 도중의 집. 그런 집에 기거하는 나의(혹은 연인의) 이야기. 같이 있을 때 오롯이 혼자가 될 수 있는 비극이 가진 환희의 이야기가 여기 있다.

82

발행일 2024. 3. 14. | ISBN 979-11-89467-57-9 (03810)
166쪽 | 125×190mm | 무선제본

하얗게
끓어오르는 물을
마시며
침묵의 대화를
나누는 시간

아침달 시집 36
신수형
『무빙워크』

책소개

36번째 아침달 시집으로 신수형의 『무빙워크』가 출간됐다. 신수형은 이번 첫 시집을 통해 작품 활동을 시작하는 신인이다. 시인 안희연은 신수형의 첫 시집을 "완벽한 겨울 시집"이라고 평한다. 최소한의 언어만으로 백지를 채워나가는 신수형의 시가 겨울나무와 닮았기 때문이다. "선명한 사실"이 되기 위해 "최소한의 동작만" 하기로 한 사람의 독백이라는 추천의 말대로, 거의 사라지려는 듯한 존재들을 붙잡고 있는 그의 시를 읽는 경험은 마치 따뜻한 물 한 잔을 앞에 두고 침묵의 대화를 나누려는 티타임과 같다. 이는 지친 자신의 영혼과 마주 보는 시간이다.

출판사 서평

뼈처럼 조용한 백지 위를 거니는 문장들

신수형의 시는 고요하다. 최소한으로 존재하려는 듯한 시들은 정지해 있는 우리 일상 속 사물들을 드러낸다. 그 시의 언어는 첨가물이 거의 없어 순수한 물과 같은 맛이 느껴지는 듯하다. 신수형은 끓인 맹물을 한 잔씩 테이블 앞에 두고서 침묵으로 시작해 침묵으로 끝나는 대화의 시간으로 독자들을 초대한다. 그런데 이토록 침묵에 가까운 대화 속에서 그는 무슨 이야기를 나누려는 것일까.

　그의 시 세계를 가만히 들여다보면 계속해서 움직이고 있는 것들과 만나게 된다. 그들은 신호 앞에 선 존재들처럼 멈추고 이동하기를 반복한다. 요란하지 않으면서도 계속되는 그 정지와 이동은 목적지를 향해 가려는 움직임이기보다는 "동작을 되풀이하면서" 축축해지는 운동에 더 가깝다. 시 속 화자는 이렇게 말한다. "적당해지려고 움직인다"라고.

"움직이려고 움직"이는 그 시의 화자들은 "무언극의
거리를 지나// 눈이 내리는/ 절반의 밤을 지나" 암호 같은
세계 속을 떠돌아다닌다.

우리의 일상은 알 수 없는 것들로 가득 차 있다. 알려고 하지만
알지 못한다. 다양한 풍경과 사물 속에 스며든 의미들을 찾으려
할수록 의미들은 저마다의 내면으로 깊게 몸을 파묻으며
침묵한다. 무의미해 보이는 세상 속에서 살아가는 우리들은
어찌해야 하는 것일까. 작은 의미라도 찾아내기 위해
골똘한 자세를 취해야 할까, 아니면 세상의 무의미함을 깨닫고
멈춘 자리에서 주저앉아야 하는 것일까.
    그러나 가만히 멈춰 서 있을 수는 없다. 다만 "최대한 전진"할
뿐. 그것은 선언이나 의지의 차원이기보다는 보다 운명적인
것으로 들리기도 한다. 우리는 태어나면서부터 우리의 뜻과는
상관없이 떠밀려가는 무빙워크 위에 올라 있기 때문이다.
그러나 신수형의 주체는 그러한 떠밀림에 순응하며 수동적인
삶을 살아가는 대신에 무빙워크를 타고 주체적으로 움직이려는
자세를 취한다. 여러 존재들이 구멍 같은 소실점 속으로
사라지는 순간을 목격하는 일. "네가 사라지는 걸" "끝까지"
지켜보는 일이며 한 사람의 퇴장 이후에 다가오는 자신의
차례를 향해 걸어가는 일이다. 그것이 제자리걸음에 불과해
보이더라 할지라도.

신수형의 화자는 "테니스공처럼 자꾸만 사라지는" 시간들을
견디며 계속해서 닳고자 한다. 일반적으로 존재가 닳는다는 것이
존재의 스러짐뿐으로 여겨지는 데 비해 신수형의 '닳음'은
이를 통해 더 첨예해지는 과정이다. 소실을 통해서 더 선명해지는
이 역설의 순간을 견디며 그의 시는 특별한 다정함을 얻는다.

그 다정함이란 사라지고 스미는 것들에 눈 돌리지 않고
잘 바라봐주는 것, 그리고 우리가 사물이 되는 그 순간을 앞서서
바라보는 일로써 우리가 잘 있었다고 말해주는 일이다.

아침달 시집 36
신수형 『무빙워크』

추천사

작은 상자 같은 방 안에서 정물이 되어본 적 있는 당신에게
| 안희연(시인)

신수형의 첫 시집은 완벽한 겨울 시집이다. 무거웠던 잎들을
다 떨어뜨린 채 앙상한 가지만으로 존재하는 겨울나무들처럼,
신수형의 시는 최소한의 언어만으로 백지를 채운다.
그는 불필요한 말은 하지 않는다. 한 편의 시가 하나의 컵이라면,
거기 "아무것도 넣지 않고/ 하얗게 끓어오르는 물만 붓는"
(「티타임」) 식이다. 컵에 담긴 내용의 의미를 적극적으로 상상하면
할수록 섬세한 맛과 향이 느껴진다. "선명한 사실"이
되기 위해 "최소한의 동작만 하기로 한"(「타임캡슐」) 사람의
독백이 그의 시다.

    그의 시집에는 "부동의 자세"(「무중력」)로 서서 무언가를
골똘히 바라보는 사람이 산다. 그는 이 세계를 낯설어한다.
세상은 암호로 가득하다고 여긴다. 살아 있다는 게 뭔지,
오늘이 왜 이런 모습으로 존재하는지 이해할 수 없다. 그에게
세계는 계속해서 움직이는 '무빙워크'와 같다. 그는 이 세계의
속도가 버겁다. 살아 있는 한 멈출 수도 내릴 수도 없는
무빙워크 위에서 '나'의 육체는 자주 증발한다. 투명해진다.

    그러므로 이 시집을 읽는 일은 '존재의 소실'이라는
만만치 않은 사건과 대면하는 일이다. 마음을 다쳐 피를
흘리면서도 "나는 조금씩 피를 흘려보내는/ 밤의 압력 장치//
피에 대해서라면/ 조금 말할 수 있어요"(「무중력」)라고
무심히 고백하는 사람. 너무 아파서 아픈 줄도 모르고 시간을
흘려보낸 뒤 "일요일이 지나자 모든 게 이해되었다"(「시차」)라고
뒤늦게 깨닫는 사람. 작은 상자 속의 작은 상자 같은 방 안에서
수시로 정물이 되는 당신이라면 금세 알아차릴 것이다.

발행일 2023. 12. 20. | ISBN 979-11-89467-94-4 (03810)
140쪽 | 125×190mm | 무선제본

이 시들이 얼마나 간절한 신호인지.
　　　우리를 태운 시간의 무빙워크는 멈추지 않을 것이다. 우리는 다만 "전진"(「무빙워크」)할 뿐. 그래도 신수형의 시집을 손에 들고 이 겨울을 통과할 수 있어 좋다. 나는 이 말을 자랑처럼 하고 있다. 그의 문장을 따라 읽는데 나뭇가지에 쌓인 눈이 후드득 떨어진다. 마음속에서 고요한 소란이 일었다는 뜻. "나는 나의 유일한 장소이자/ 유일한 실물이므로// 나와 상관없이 이어지는/ 그 어떤 지루한 전개에도 놀라서는 안 된다"(「잠기다」)라는 진술에 의지하여 걷다 보면 이 무빙워크가 조금은 빤해 보이기도 한다. 그러면 조금 더 걸어볼 힘이 난다. 시는 금세 끝나버렸지만 조금도 짧지 않은 여운이 이어진다.

먼 곳의 시를
향한
전력투구

아침달 시집 34
이날
『입술을 스치는 천사들』

90

발행일 2023. 11. 17. | ISBN 979-11-89467-93-7 (03810)
112쪽 | 125×190mm | 무선제본

책소개

시인 이날의 『입술을 스치는 천사들』이 34번째
아침달 시집으로 출간됐다. 2015년 계간 《포지션》을 통해
작품 활동을 시작한 이날이 8년여 만에 펴내는 첫 시집으로,
지난 기억과 눈앞의 환상을 매개로 예민한 감수성을 담아낸
시 40편을 담았다.
　　시인 김언은 추천사를 통해 이날의 시를 "지금-이곳을
보듯이 먼 곳의 일상을 그려보는" 시라고 평한다. 먼 공간과
시간 속 장면을 오래 응시하는 시선을 통해 화자의 기억은
상상이 되고 상상은 기억이 된다. 가보지도 못한 곳으로 마음이
향하는 까닭은, 그 일이 지금 여기에 있는 그를 움직이게
만들기 때문이다. 먼 곳에 있는 시를 향한 전력투구의 움직임이
여기에 있다.

　　출판사 서평

시인 이날이 8년여 만에 펴내는 첫 시집으로, 지난 기억과
눈앞의 환상을 매개로 예민한 감수성을 담아낸 시 40편을
담았다. 시인 김언은 추천사를 통해 이날의 시를 "지금-이곳을
보듯이 먼 곳의 일상을 그려보는" 시라고 평한다. 먼 공간과
시간 속 장면을 오래 응시하는 시선을 통해 화자의 기억은 상상이
되고 상상은 기억이 된다. 가보지도 못한 곳으로 마음이
향하는 까닭은, 그 일이 지금 여기에 있는 그를 움직이게 만들기
때문이다. 먼 곳에 있는 시를 향한 전력투구의 움직임이
여기에 있다.

이날의 시는 먼 곳에서 시작한다. 시 속 화자의 시선은
시간적으로나 공간적으로 지금 여기와 떨어진 먼 곳을 향해
있는 경우가 많다. 시의 화자는 가보지도 않은 북극이 그립다고

말하고, 옛날 책에 더 정이 가는 것도 당연하다고 여긴다. 달과 북극을 그리워하고, 그리운 많은 것들에 슬픔을 느끼는 그 예민한 성정은 어디에서부터 비롯된 것일까.

이날의 시는 자주 기억 속 과거를 헤집는다. 그 과거의 풍경 속에서는 청소년인 화자 하나가 보인다. 그는 강한 자의식을 통해 자기 존재를 확립하는 중이다. 또래들을 "나름 심오한 주제에 물음을 던져보기 시작하는 애들"이라며 "나는 그런 애들이 아니었다"라고 말하는, 자신을 타인과는 좀 다른 사람으로 구별 짓기 시작하는 한 학생. 그렇다고 "특별한 사람"이라고 생각하지는 않고, 자신은 그런 사람이 못 되었으니 "이상한 사람"이라도 되고 싶었다고 말하는 사람.
  그는 어딘가 좀 멍해 보이거나 슬퍼 보인다. 지금 여기가 아닌 가보지도 않은 먼 곳을 상상하는 일에 "노을이 가득한 교실에서/ 애들한테 둘러싸여 따귀를 맞는" 기억이 영향을 끼쳤을지는 알 수 없지만, 이 세상 속에 편안하게 스며들기는 어려웠을 것은 분명해 보인다. 사람들 간의 차이가 태어날 때부터 그러한 것인지, 자라는 환경과 겪는 경험의 차이로 인한 것인지는 알 수 없지만 그러한 차이가 스타일을 만든다고 생각하는 사람. "생각을 버리기로 한" 그 아이는 곧 학창 시절이라는 기나긴 동굴에서 나와 어른으로 자라고, 시를 시도하게 된다.

그에게 시는 다른 것을 꿈꿀 수 있는 무대다. 시에는 모든 것이 될 수 있는 가능성이 있다. 동굴 밖으로 나가면 참새가 될 수도, 후투티가 될 수도 있는 박쥐처럼. 그에게 문학은 모든 것이 가능한 자리이다. 그러나 시를 정확히 타격하기란 어려운 일. 그러한 모든 가능성에는 불가능성 또한 포함되어 있어, 말장난처럼 모든 것이 가능하지 않게 되기도 한다. 계속되는 파울 타구. "삶을 망치면서까지 한 줄 쓰기와 한 단어 고르기에 집착"하며 화자의 쓰기가 계속된다. 그러나 번번히 이어지는 실패에 시인과 화자와 그의 자리가 마구 뒤섞이기도 한다.

그리운 것이란 대체로 지금 여기에 없는 것, 먼 곳에 있는 것이다. 경험해보지 못한 삶도 그리울 수 있으며, 그리운 것들이 있다는 것은 슬픈 일이다. 시는 그 그리운 것들에 닿는 일이겠지만, 언제나 시가 닿을 수 있는 것은 아니다. 그렇지만 닿으려 애쓰는 그 시도를 통해 그는 얼마간 슬픔을 견딜 수 있고 또 살아낼 힘을 얻기도 하는 모양이다. 언젠가 그것들에 닿을 때까지 그는 우선은 살아볼 생각이다. 계속해서 시의 세계를 모험하면서. 언젠가 말부터 잊게 되는 날이, 여백이 가득한 책이 되는 날까지.

추천사

기억하듯이 상상하고 상상하듯이 기억하는 시
| 김언(시인)

이날 시의 화자는 자주 먼 곳을 본다. "혼자 멀리 딴 데를" 보는
아이처럼 지금-이곳이 아닌 곳을 자주 본다. 이곳이 아니기에
멀고, 지나치게 멀어서 살아서는 닿을 길이 없는 곳을 꿈꾸듯이
본다. 가령 북극이나 달 같은 곳. 공간적으로 너무 먼 곳은
시간적으로 너무 먼 미래의 일처럼 아득하다. 그러고 보면 과거도
아득하기는 마찬가지다. 과거도 이미 지나온 순간부터는
다다를 수 없는 먼 곳의 일이기에 다시 꿈꾸듯이 본다. 꿈에서도
보고 싶었던 누군가의 얼굴과 무언가의 잔상과 또 잊을 수 없는
한때의 "눈부심"과 "일렁임"을 "정말로 있는 것"처럼 본다.
너무 보고 싶은 것은 환영이 아니다. 끝까지 잊을 수 없는 것도
환상은 아닐 것이다. 그래서 지금-이곳을 보듯이 먼 곳의 일상을
그려보는 일. 그것이 이날 시의 화자가 자주 행했던 일이고
자주 꾸었던 꿈이고 자주 망실했던 기억이라면, 이렇게
고쳐 말해도 좋겠다. 그의 시는 기억하듯이 상상하고 상상하듯이
기억하는 시라고. 잊을 수 없어서 상상하고 닿을 수 없어서
기억하는 시라고. 기억이라도 해야 지금 여기서 살 수 있는 사람.
기억 없이는 단 하루도 살 수 없는 사람이 그래서 자주 보는 곳도
먼 곳이다. 가령 북극이나 달 같은.

94

몽환적인
연무로 휩싸인
세계에서
폭발하는 착란의
이미지들

아침달 시집 33
김도
『핵꿈』

발행일 2023. 9. 6. | ISBN 979-11-89467-90-6 (03810)
140쪽 | 125×190mm | 무선제본

책소개

33번째 아침달 시집으로 김도의 『핵꿈』이 출간됐다. 김도는
아침달 시집을 통해 작품 활동을 시작하는 신인이다.
그의 시는 영원할 듯 계속되는 호흡이 담긴 문장으로 환각적인
이미지를 우리에게 펼쳐 보인다. 추천사를 쓴 시인 황유원은
"김도의 시를 한 편 한 편 읽다 보면 연무가 되어 어딘가로
계속 흘러가는 것만 같"다고 평한다. 부드럽고 몽환적인 세계
속에서 조금씩 우스꽝스러워 보이는 인물들은 우리 내면 속
진실한 일면의 투영이다. 서정적 몽환으로 가득한 김도의
시 세계가 새로운 독자들을 기다리고 있다.

출판사 서평

33번째 아침달 시집으로 김도의 『핵꿈』이 출간됐다. 김도는
아침달 시집을 통해 작품 활동을 시작하는 신인이다.
그의 시는 영원할 듯 계속되는 호흡이 담긴 문장으로 환각적인
이미지를 우리에게 펼쳐 보인다. 추천사를 쓴 시인 황유원은
"김도의 시를 한 편 한 편 읽다 보면 연무가 되어 어딘가로 계속
흘러가는 것만 같"다고 평한다. 부드럽고 몽환적인 세계 속에서
조금씩 우스꽝스러워 보이는 인물들은 우리 내면 속 진실한
일면의 투영이다. 서정적 몽환으로 가득한 김도의 시 세계가
새로운 독자들을 기다리고 있다.

**알록달록한 연기의 세계에서
흐려지는 나와 당신의 경계**

김도의 시가 그리는 풍경은 자욱한 연기에 휩싸여 있다.
"연기를 흘리는 푸른 방" 안으로 들어서면 그곳에는 "기분이
좋아지는 연무를 마시고 뱉"는 친구들이 있다. 그들은 함께

웃기도 하고 울기도 하다가 곧 "저항할 수 없도록 포근한 졸음에 휘감겨서" 꿈을 꾸기 시작한다.

몽환적인 연무 속에서 그가 그리는 우스꽝스러운 인물들의 말과 행동은 과장되어 있다. 꿈이 그렇듯이. 그러나 우리는 꿈이 과장되고 허황되었다는 것을 알면서도 그것에 진실이 깃들어 있다고 생각한다. 감춰진, 억압된 내면의 풍경을 무의식 중에 드러내 보인다고 믿기 때문이다.

끊어질 듯 끊어지지 않고 겹겹이 이어지는 연기 같은 문장을 통해 흘러가는 엉뚱한 이야기들은 부조리극처럼 보이기도 한다. 우리는 김도의 시를 통해 천국에서 아침밥을 먹기 위해 요리하지만 계란 프라이 하나도 제대로 만들지 못해 실수를 반복하는 D(도?)를 만나기도 하고, 108명의 심사 위원(요괴들일까?) 앞에서 절대 울지 않고서 슬픈 얼굴을 유지하려는 대회 참가자를 구경하기도 한다. 헤어진 애인의 비난 가득한 이별 선고가 녹음된 테이프를 연기가 자욱한 방에서 친구와 함께 듣는 장면을 바라보는가 하면, 이기적이고 멍청하며 평범한 인간들의 실수로 인해 지구가 멸망하는 이야기를 접하기도 한다.
　약간의 거리를 두고 그 연기의 풍경을 바라보면 그것은 "맞은편 굴뚝의 연기만 숨 쉬는 폐쇄 병동의 창문"처럼 보인다. 병력이 있던 시인의 자전적인 면모가 두드러지는 「같이 가요」와 같은 시에는 아픔의 시절을 극복하며 건너가는 서정적인 힘이 반짝이고 있다. 과거에서 현재로 건너가며 일어나는 변화와 극복은 「2인실」과 「퇴원」 같은 시를 통해서도 두드러진다.

김도의 시 속에는 뿌옇게 이지러지는 풍경 속에서 흐려지는 자아가 있다. 그 자아는 눈앞에 펼쳐지는 것들에 관해 판단하기

이전에 감각한다. 마치 끝맺음 없는 자유를 꿈꾸는 듯한 감각적인 문장들은 독자들에게 건네는 자유로운 감각으로의 초대처럼 보이기도 한다. 감각을 통해 나와 당신은 연결된다. "꽃 한 송이가 익기 위해 필요하지 않은 존재는 없다"라고 시인은 말한다. 만물이 서로를 위해 감각으로 연결된다는 사유에까지 이어지는 것이다.

김도의 시가 보여주는 서정적 몽환의 세계는 우리 삶의 양면을 하나로 인식한다. 꿈 같은 현실처럼, 현실 같은 꿈처럼, 끝나도 끝나지 않는 영원성을 얻으려는 시도를 통해 비로소 그 삶은 한없는 여행이 된다.

추천사

신비롭게 기억될 밤들의 리스트 | 황유원(시인)

김도의 시를 읽다 보면 문득 "에일" 향에 취하고 싶어진다. 수제 맥줏집이 아니라 한밤의 무인 편의점에서 "네 캔"으로 묶어 파는 싸구려 에일 향에. 실패한 "조향사"가 되어 실패한 향에 코를 박고 몇 날 며칠이고 맡아보고 싶어진다. "작은 이자카야에 들러/ 닭의 살점이나 염통 꼬치를 뜯으면서 생맥주를 벌컥벌컥 들이켜"다가 "이런 슬픔도 있었"다는 사실에 헛웃음 짓고 싶어진다. 방으로 돌아와 맥주 캔이나 몇 개 더 찌그러뜨린 후 홀연히 "슬픈 얼굴 대회"에 참가하고 싶어진다. "이쪽이야 따라와" 하고 "풀숲으로 사라지는 꼬마"를 따라 "딴 데 가서" 놀고 싶어진다. 노는 것의 정의를 다시 한번 내려보고 싶어진다. "세계 각지에서 온 각양각색의 떨들"의 순위를 떨을 피우고 쓴 시의 환각성을 기준으로 평가하고 싶어진다. "연무" 속에 몸을 띄우고 "한 주먹의 알약이라도 삼킨 것처럼" 잔잔한 바다 위를 떠가는 침대를 타고 항해하다 모든 "꿈을 끝내버릴 꿈"인 핵꿈을 꾸고 싶어진다. 핵꿈을 꾸며 "기분이 좋아지는 연무를 마시고 뱉"고 싶어진다. 피부에 돋아나는 파충류 같은 온갖 종류의 아름다운 "알러지 반응을 일으"키고 싶어진다. 그렇다. 김도의 시를 한 편 한 편 읽다 보면 연무가 되어 어딘가로 계속 흘러가는 것만 같고 흘러온 만큼 밤은 깊어진 것도 같은데, 그러다 갑작스레 "윤슬" 같은 맑고 깨끗한 단어와 마주치면 공중에서 조금 내려와 달빛이 비치는 잔물결을 바라보며 밤의 공원을 천천히 걷고도 싶어진다. 공원을 걷는 동안 비행기를 타고 가며 듣는 플레이리스트와 우주선을 타고 가며 듣는 플레이리스트를 만든 다음 이루어지지 않은 사람과 공유하고 싶어진다.

공유하며 같이 비행기나 우주선을 타고 있진 않더라도 같이 비행기나 우주선을 타고 있는 기분이나마 길게 누려보고 싶어진다. "Nothing to be done, nothing to be done……"이라고 에스트라공처럼 무의미하게 중얼거리면서도 자꾸 중얼거리기라도 하고 싶어진다. 연무처럼 아직 높은 곳에 붕 떠 있는 우리가 천국에 착륙할 때까지, 이 기이한 종이비행기가 안착할 곳을 찾을 때까지 신비롭게 기억될 밤들의 리스트를 만들고 싶어진다. 이제 나머지 리스트는 당신들의 몫.

계이름 바깥의
멜로디 같은
우리들의 이야기

아침달 시집 27
홍인혜
『우리의 노래는 이미』

발행일 2022. 12. 19. | ISBN 979-11-89467-74-6 (03810)
104쪽 | 125×190mm | 무선제본

책소개

만화가 루나파크, 카피라이터, 시인 등 다방면에서 창작 활동을 이어오고 있는 홍인혜의 첫 시집 『우리의 노래는 이미』가 27번째 아침달 시집으로 출간됐다. 2018년 《문학사상》 신인상으로 작품 활동을 시작한 지 4년 만이다.

    홍인혜의 시는 누락된 괴짜 같은 이들을 내세워 어두운 도시의 풍경을 그린다. 저마다의 사연과 슬픔을 안고 있는 이 등장인물들은 한데 모여 서로를 위로하는 노래가 된다. 홍인혜의 시는 오늘이라는 소설의 한 페이지를 건너, 다시 범람하는 내일을 맞이하기 위해 잠자리로 드는 충혈된 도시의 사람들에게 전하는 자장가다.

출판사 서평

2018년 《문학사상》 신인상으로 작품 활동을 시작한 지 4년 만에 펴내는 첫 시집 『우리의 노래는 이미』. 홍인혜의 시는 누락된 괴짜 같은 이들을 내세워 어두운 도시의 풍경을 그린다. 저마다의 사연과 슬픔을 안고 있는 이 등장인물들은 한데 모여 서로를 위로하는 노래가 된다.

홍인혜의 시에는 노래와 춤이 가득하다. 그런데 그 노래는 조금은 어둡고 쓸쓸한 멜로디를 띠고 있으며, 그 춤은 괴짜들이 펼치는 몸부림에 가깝다. 어딘지 기묘해 보이는 그러한 노래와 춤에는 처량한 한편 나름의 최선을 담고 있는 듯해, 보는 이의 마음 한구석을 찡하게 만드는 데가 있다. 홍인혜가 그리는 시의 풍경은 어디를 향하고 있는 것일까?

몰란드라는 상상의 나라다. 그곳의 풍경은 아주 평온해 보인다. 고양이들은 지붕에 배를 내놓은 채로 졸고 있고, 아이들은 마음껏 뛰노느라 더러워졌고, 노인들은 부끄럼 없이 더디게 산다. "화약 냄새와 불탄 소맷단에서 서로의 이력을 더듬는 나라"라고 한 데서 유추할 수 있듯이, 몰란드는 전쟁 또는 그와 같은 지난한 경험으로부터 상처를 입고 탈출한 이들의 망명지이다. 그들은 몰란드에서 노래를 듣고 춤을 추며 지난 상처들을 치유받는다.

    그들은 몰란드에서 더 이상 문제가 없어 보인다. 하지만 이 따뜻하고 너그러운 풍경에서 느껴지는 으스스한 느낌은 무엇일까? 어떻게 그들이 전쟁 같은 현실에서 벗어나 몰란드로 망명하는 일이 가능했는지가 영 마음에 걸린다. 시의 결구는 단서 하나를 준다. "신발 끈은 헐겁고 사람들은 너그러워 마치 한 번쯤 죽어본 것처럼". 마지막 진술로 인해 몰란드는 비현실적인 환상의 공간을 넘어서 상처를 입고 죽은 이들이 모인 천국의 이미지를 덧입는다. 따스하지만 오소소하고 다정하지만 서늘한, 이상한 형용이 가능해지는 세계를 홍인혜는 그려내고 있는 것이다.

홍인혜의 시에는 "다정한 피"가 돌고 있다. 홍인혜는 '오늘'이라는 이름의 소설을 살아가는 이들의 삶에 시선을 준다. 그런데 이들이 등장하는 소설은 밝고 희망찬 이야기를 들려주지 않는다. 이들이 등장하는 소설은 "문법에서 탈주"한 소설이며, 소설 속 인물들은 "플롯에서 낙오한" 사람들들이다. 쏟아지는 눈 풍경 속에서 펼쳐지는 그들의 이야기는 "투명한 파국"을 향해 간다.

    홍인혜가 보여주는 다정함은 동정에서 오는 시혜가 아니다. "팔이 발생하자 서로를 안았다 최초의 포옹은 타인을 안는 동시에 자신을 안는 것이었다"라고 써두었듯이, 그 다정함은 같은 처지에 놓인 동족을 바라보는 데서 온다. 따라서 홍인혜는 그렇게 발생되는 다정함을 연민의 어조로 말하지도 않는다. 그의 힘은 어두운 것을 어두운 것 자체로 보는 데에서 온다.

따라서 홍인혜에게 있어 대상의 슬픔을 바라보는 일은 나의 슬픔을 바라보는 일이 되며, 대상의 어두움을 바라보는 일 또한 나의 어두움을 바라보는 일이 된다. 대상을 향하는 다정하면서도 서늘한 시선을 통한 복잡한 양가감정은 그의 시 곳곳에서 살펴볼 수 있다.

시 「미래의 효나」는 효나의 기일이 배경이다. 효나는 죽은 지 한참 되었고, 동창들은 죽은 친구를 기리기 위해 그날에 모이지만 더 이상 효나에 관한 이야기는 하지 않고 아파트와 주식 등의 돈 이야기만 한다. 그 무리 속에서 여전히 효나를 생각하는 것은 효나와 크게 다투고 절교를 선언했던 화자다. 화자는 효나가 교통사고로 죽은 뒤 연관성 없는 죄책감에 시달렸을 테지만, 그렇다고 해서 효나를 고인이라는 이유로 미화하고 용서하지는 않는다.
　　화자는 효나를 여전히 미워하고 있는 것일까? 그보다는 좀 더 복잡하다. 화자는 효나가 귀신이 되어 자신에게 붙으면 어떡하나, 두려워하면서도 평생 "네가 나를 계속 무섭게 했으면 좋겠다"라고 생각한다. 여전히 효나를 기리고 그리워하는 그만의 방식인 것이다. 아파트와 주식 이야기를 하는 친구들 무리에 자연스럽게 어울리고 있지 못하는, 플롯에서 낙오한 듯한 그만이 보여줄 수 있는 복잡한 다정.

홍인혜의 시에는 지나간 좋았던 시간에 대한 추억과 사라진 것들에 대한 쓸쓸함, 그리고 해가 저물어 다가오는 어둠에 대한 인식이 얽혀 있다. 때문에 홍인혜가 그려내는 도시의 풍경은 밤이 깊어도 꺼질 줄 모르는, "충혈된 도시"이며 그 속에서 "조용히 허물어"지는 사람들이다. 앞서 말했듯이 이는 무엇보다도 자신의 이야기이기에, 홍인혜는 "침대 밑에

도사린 검은 악어를" 잠재우듯이, 기도와도 같은 마음을 담아 "미미레레" 하고 스스로에게 들려주는 노래를 부른다. 신에게 바치는 찬송가(미제레레, '불쌍히 여기소서')와는 달리 내 방에 미미하게 울릴 뿐인 자장가를. 그러나 그 노래는 "계이름 바깥의 멜로디" 같은 사람들에게 "라디오가 감지한 비밀 주파수"를 통해 퍼져 나가, 더 많은 이들에게 전해질 것이다.

추천사

질겅이고픈 밤의 양태들 | 안태운(시인)

『우리의 노래는 이미』를 거듭 읽으면서도 앞부분으로 돌아와
"푹 젖은 어깨로도/ 무지개를 봤으니/ 이제 됐다고" 하는
시인의 말을 더욱 질겅이게 되었는데, 왜냐하면 시편들을
이 문장이 포함하며 감각하고 있다고 느꼈으므로,
그 희노애락과 낙차 혹은 애환, 삶을 살아가면서 인간이
겪을 수 있는 좋음과 나쁨이 시 한 편에서 자글자글 동시에
드러나 있을 때, 그렇게 "매일 피부에 일상을 적어 넣"고
있을 때 정말 좋다고 생각했기 때문이다. 특히나 왜 좋은 시들은
그 시편에서 양가감정을, 건조함과 함께 동시에 물기를
느끼게 하며 그렇게 이상한 군데군데를 남기며 내 몸을 숭숭
뚫기도 자박자박 메우기도 하는가, "그 창궐하는 감정"은
무엇인가, 왜 나를 조금 넓히는가 (물론 이윽고 수축하지만)
가늠해보기도 했는데, 나는 그중에서도 시집에 드러난 밤의
양태에 대해서 언급하면 좋을 듯하다. "밤은 겹이 너무 많"고
그 겹은 이제 자라나 어른이 된 사람들을 표상하고, 어른들은
일을 해야 하므로 "옷에 눌려 점잖"게 되지만, 그럼에도
밤에는 "팔다리"를 조금은 "까불" 수 있다. "밤의 농담엔
뼈가 없"으므로 "우리의 약속은 언제나 불시"이므로 우연히
마주하게 하므로 춤추게 하니까? 춤. 춤춤. 춤춤춤. 나는
「춤」이라는 시를 읽고 좋았다. 춤은 많은 것들을 하게 하는 것
같다. 추는 행위는 그 무엇도 하게 하나? 앞서 언급한
희노애락과 애환과 좋음 혹은 나쁨도, 그래서 추나. 밤의 앞과
뒤인 낮들도 추게 하나. "음악이라서" 또 "눈빛이"이므로
"엉켜서", "고요히 누운 사람의 불면"이라서 "가만히",
"추던 가락"이며 "비난하던 너의 입술"이라서, "심야 택시

계기판"이라서 "고독"이며 "충혈된 도시"라서 계속 춤추고 있는 시. 나는 몇 주간 드문드문 이 시집을 미리 읽으며 취기에 춤추고 싶었고, 무엇보다 춤추고 난 후 「여름 재미」에 나오는 사람처럼 "밤을 질겅"이고 싶었다. 사실 춤은 마음속으로만 추었지만 밤은 실제로 질겅여보았다. 밤에 거닐면서 시집의 문장들을 떠올릴 때마다 질겅질겅질겅질겅 턱관절을 움직이며, 밤을 질겅거린다고 감각해보면 기분이 정말 좋았는데…… 그러니까 "징그럽게 즐겁게".

구부러진 이야기를 통한 시적 모험

아침달 시집 24
고민형
『엄청난 속도로 사랑하는』

발행일 2022. 5. 31. | ISBN 979-11-89467-04-3 (03810)
152쪽 | 125×190mm | 무선제본

책소개

시인 고민형의 첫 시집 『엄청난 속도로 사랑하는』이 24번째 아침달 시집으로 출간되었다. 시인은 《베개》, 《펄프》 등 독립 문예지에 작품을 발표하며 활동해온 신인이다. 총 47편의 시가 담긴 그의 시집은 근현대 사회 속 여러 문물과 인간상이 빚어내는 아이러니한 이야기로 가득하다.

시인 유계영은 추천사를 통해 고민형의 시가 "흥미로운 이야기를 들려줄 것처럼" 굴지만, 이야기 양식을 주저 없이 위반하는 것을 통해 독자를 낯선 곳에 풀어놓는다고 말한다. 전통적 이야기의 굴레에도, 시의 굴레에도 속하지 않고 어디로든 뻗어가려 하는 고민형의 언어를 통해 강렬한 해방감을 맛보기를 바란다.

출판사 서평

『엄청난 속도로 사랑하는』을 펼친 독자는 곧장 활자가 빽빽하게 들어찬 산문시가 만들어내는 풍광과 맞닥뜨리게 된다. 그 빼곡한 산문시에는 저마다 엉뚱하거나 흥미로운 이야기가 담겨 있다. 시「젊은 신부」는 한 마을에 새로 부임한 신부에 관한 이야기이다. 그런데 그 신부는 이전에는 한 번도 신부였던 적이 없었고, 자신이 믿는 종교와 의식에 관해 아는 것 또한 하나도 없다. 도저히 신부라고 부르기 어려운 신부에 관한 요상한 이야기가 이어진다. 이야기는 결말을 향해 흘러가기는 하지만, 그 방향은 예상하기 어렵다.

이러한 능청스러움이 섞인 이야기 속 혼란은 기승전결이 뚜렷한 이야기 형식만으로는 닿을 수 없는 곳으로 독자를 데려다준다. 「새와」라는 시는 '새와 미술관'에 다녀왔다는 친구의 말에서부터 출발한다. '나' 또한 새와 미술관에 가고 싶다며, 그 이유를 길게

주절거린다. 그러나 사실 친구가 다녀온 미술관은 새와 미술관이 아니라 세화 미술관이다. 이런 엉뚱한 순간을 지나가며 이야기는 길을 잃지만, 그 방향 상실은 존재하지 않던 장소를 일순간이나마 상상하게 함으로써 독자를 그곳으로 데려간다. 순간적인 오류 속에서 새와 미술관은 반짝이듯이 나타나고 또 사라지는 것이다. 이는 숨겨져 있던 미지의 장소를 발견해내고야 마는 시적 모험과도 같다.

    이렇듯 우리에게 익숙한 사물과 풍경 들로 만들어진 세상 속의 등장 인물들은 우리가 예상하지 못하는 방향으로, 어쩌면 시인조차 예상하지 못했던 방향으로 계속해서 움직인다. 다른 시민들이 일반적으로 오가는 대로가 아닌 숨겨진 골목길을 통하는 이 움직임은, 익숙한 세상이 미처 감추지 못한 세상의 난잡함과 엉성함을 들춘다. 독자들은 이러한 풍경을 통해 우리가 사는 세상의 불완전성을 목격하게 된다.

「오 분」은 주유소에서 기름 대신에 콜라가 나오고, 신문에는 낙서가 가득하고, 총에서 비눗방울 대신에 총알이 발사되는 기이한 세상을 보여준다. 그러고는 한 대권주자가 대통령이 되면 다시 그 오 분이 재현될 가능성이 있다고 비판하는 사설이 등장한다. '나'는 이에 동의하면서도 그에게 표를 던진다. 온갖 사물과 문화와 풍습이 뒤섞인 세계의 부조리한 단면을 드러내는 이러한 이야기들은, 종종 의도된 바와 관계 없이 그 자체로서 비판적 세계의 형상으로 읽힐 가능성이 된다.

    그러나 고민형의 시는 한 가지 의미로 환원되기보다는 다양한 결의 생각과 느낌, 의미 등으로 뻗어나가며 쉽사리 정의되기를 거부한다. 그는 언제나 윤리보다는 유머를 택하는 쪽이다. 시 「우파루파」의 화자는 옆 사람과 대한민국의 전 대통령들 이야기를 하다가 눈물을 흘리는 순간을 상당히 우스꽝스럽게 그려낸다. '우파'라는 단어의 말놀음에서 출발했을 듯한 시는 갑자기 시의 제목에 충실해지면서 멕시코도롱뇽 우파루파(아홀로틀)에 관한 이야기로 넘어간다. 이러한 혼란 속에서 독자는 무언가를 놓치고 있다는 생각을 하면서, 아이러니하게도 그 생각의 놓침을 통해 일순간 해방감을 맛볼 수 있게 된다. 그러한 복합성이야말로 문학이 마음껏 자랑할 수 있는 고유한 자유로움일 것이다.

추천사
우연은 필연, 그러므로 순간은 모름 모름 모름!
| 유계영(시인)

고민형의 시는 흥미로운 이야기를 들려줄 것처럼 군다. 의자를 당겨 앉고 귀를 기울이게 한다. 읽게 하기보다는 듣게 한다. 이야기를 시작하는 척하는 포즈, 그런데 이건 다 너스레다. 이야기꾼이었다면 결코 어기지 않았을 이야기 양식들을 주저 없이 위반하는 것을 보라. 고민형은 기승전결을 꾀하거나, 이야기를 거점 삼아 시적 도약을 꾸미지 않는다. 때문에 고민형의 시는 이야기의 취향이 아니라 모험의 운명을 따른다. 시의 혈관을 타고 모험가의 기질이 흘러 다닌다. 우연의 순간이 필연의 결과를 맺는 위치까지 우리를 데려가 놓고는, 다시 우연으로 뿔뿔 흩어져버리도록 우리를 낯선 곳에 풀어놓는다. 기대에 묶여 꼭 쥐고 있던 주먹을 풀었을 때, 이토록 상쾌한 손바닥!

구원 없는 곳에서
바라보는
갈 수 없는
낙원의
아름다움

아침달 시집 23
박규현
『모든 나는 사랑받는다』

발행일 2022. 1. 31.　|　ISBN 979-11-89467-37-1 (03810)
168쪽　|　125×190mm　|　무선제본

책소개

아침달 시집 23권. 박규현 첫 시집. 2022년 한경 신춘문예 시 부문을 수상한 시인 박규현은 그 이전부터 독립 문예지 및 독자적인 방식으로 꾸준히 창작 활동을 이어오며 본 시집을 준비해왔다. 수록된 45편의 시는 여성으로서 지금 여기를 살아가는 고통을 감각적인 장면들로 그려낸다. 서울에서 나고 자란 여성 시인의 눈을 통해 보이는 서울은 죽음 가득한 재난 현장인 동시에 그가 살아가는, 어쩔 수 없는 생활 공간이다. 떠날 수 있는 사람에게는 낙원이고 벗어날 수 없는 사람에게는 디스토피아인 곳, 서울. 그렇기에 시인은 힘주어 소리친다.

출판사 서평

박규현의 첫 시집 『모든 나는 사랑받는다』가 아침달 시집 23번으로 출간되었다. 2022년 한경 신춘문예 시 부문을 수상한 시인은 그 이전부터 독립 문예지 및 독자적인 방식으로 꾸준히 창작 활동을 이어오며 본 시집을 준비해왔다.
수록된 45편의 시는 여성으로서 지금 여기를 살아가는 고통을 감각적인 장면들로 그려낸다. 서울에서 나고 자란 여성 시인의 눈을 통해 보이는 서울은 죽음 가득한 재난 현장인 동시에 그가 살아가는, 어쩔 수 없는 생활 공간이다. 떠날 수 있는 사람에게는 낙원이고 벗어날 수 없는 사람에게는 디스토피아인 곳, 서울. 그렇기에 시인은 힘주어 소리친다. 그것이 비록 아무도 듣지 않는 듯한 사람의 목소리에 불과할지언정, 저 미래에라도 가닿기를 바라며 말이다.

박규현의 시집은 여러 여성들이 모인 야영지 같은 공간이다. 거기에는 아주와 로쿄라는 이름으로 호명되는 인물도 있고, 메리와 안미츠 씨도 있으며, 수많은 '나'들도 있다. 그들의 출신과 면모는 제각기 다양하나 그들이 가진 고통만은 모두 같은 얼굴을 하고 있다. 무엇이 그들을 고통스럽게 만드는 것일까. 어찌하여 이 젊음들은 이미 "다 자라버렸고/ 다 살아버렸다"라는 느낌을 가지게 된 것일까?

여성으로 태어났다는 이유만으로 공유하게 되는 고통들이 있다. 몸의 안쪽에서 비롯되는 것과 외부에서 오는 것. 그 모두는 어느 한 시대에 국한된 것이 아니고 "아주 오래" 지속되어온 여성의 서사다. 시집 내에서 같은 제목으로 여러 번 등장하는 시 「아주 오래」는 유년부터 이어지는 여성의 기억과 삶을 그려낸다. 그 장면들은 지금 여기에 살고 있는 여성이라면 익숙할 풍경인 동시에, 한 생을 훌쩍 넘어 오래 지속되어온 감각들이기도 하다.
　이는 바로 고통의 감각이며, 박규현은 그것을 이야기함에 있어 우회로를 택하기를 거부한다. 박규현의 시에 나타나는 그 여성 화자들의 고통들은 시를 통하면서 조금도 비유가 아닌 채로 등장한다. 박규현에게 있어 그 고통들은 비유로 전달될 수 없는 것이며, 그래서도 안 되는 것들이다.

시집 전반에 나타나는 풍부한 죽음 이미지를 관념적인 것으로 여기고 지나칠 수 없는 이유 또한 여기에 있다. 박규현이보여주는 죽음 이미지는 낯설고 선득하면서도 대단히 즉물적으로 생생한 느낌을 준다.
　죽음은 물풀과 같은 사물들이 나의 신체를 대체하거나, 나의 기억이 죽음 이후에도 이어지거나, 도처에서 유령을 발견하는 등으로 드러난다. 그러나 이러한 방식으로 죽음을 다루는 일은 박규현에게는 상상이기보다는 차라리 예견이나 환시에 가깝다. 실생활 속에서 늘상 죽음의 위협을 받으며 살아가고 있는 여성들에게 죽음이란 남성보다는 가까운 곳에

도사리고 있는 사건이기 때문이다. 뜻하지 않은 형태의 죽음이 늘 가깝다는 사실, 그리고 나의 현생이 내가 태어나기 이전과 내가 죽은 이후의 삶과 크게 다르지 않다는 것을 깨달아버리는 일은 이미 한 생을 다 살아버린 듯한 느낌을 주기에 충분한 사건이지 않을까.

박규현은 서울로 대표되는 디스토피아와 "가본 적도 없고 갈 수도 없는" 아름다운 땅의 풍경을 교차한다. 그 아름다운 땅을 우리가 결코 닿을 수 없으나 반드시 도달해야 하는 미래라고 생각할 수 있을 것이다.
    오지 않는 미래는 오지 않기에 늘 여기보다는 아름답다. 물론 박규현은 알고 있다. 그 아름다움이 환상이라는 것을. 그러나 "나아지는 게 없다는 걸" 알면서도 그는 힘을 주고 인간으로서 말한다. 겨우 존재하는 모든 나를 위해서. 박규현의 시는 나-여성이 죽지 않고 살아가기 위해 세상을 향해 외치는 목소리이다.
    그에 응답하는 것이 '우리들'뿐이더라도 그는 그렇게 한다. 그렇게 하는 것이 "사랑을 말하며 뛰어오다 네가 넘어진 날/ 나는 사랑이 넘쳤다고 생각했다"라고 생각할 수 있게 해준 이들이 남기고 간 것들에 대해 박규현이 할 수 있는 최선이기 때문이 아닐까. 그 최선의 목소리는 그렇기에 못내 아름답다.

추천사

이 기이한 고요와 평화 | 나희덕(시인)

이 시집의 존재들은 멀고 낯선 곳에 있을 때가 많다. 이국적 이름을 지닌 그들은 비명도 절망도 없이 "외국어로 된 간판을 읽으면서" "다만 선량한 표정으로" "다음을 향해 이송되는 자세로" 서로를 데리고 간다. 그런데 아무리 떠나도 떠날 수가 없다. 폭력과 죽음으로 얼룩진 이 세계로부터. "천국의 문" 앞에서 기다리며 "죽지 않고서/ 천국에 갈 수 있는 포즈에 대해 고민했"지만, 언제라도 "던져질 수 있고 뭉개질 수 있고 짓밟힐 수 있는" 현실이 눈앞에 현상될 뿐이다. "사람이기 때문에 사람이기를 포기한 자들을 두고 이곳에 와 있으며" '사람이라는 것'을 생각한다. 여행이든 야영이든 산책이든 '그곳'에서도 여전히 '지금 여기'의 고통을 되새김질하고 있는 것이다.

　폭력에 대해 유난히 예민한 감각을 지닌 시인의 내면은 수시로 피를 흘리면서도 열심히 닦아낸다. "성실해지자 어떻게든 이곳에서", 라고 다짐하면서 '나'는 찰흙으로 된 지구와 "함께 구르기로" 한다. 그래서인지 그의 단정해 보이는 시어들은 끊임없이 뒤척이고 있고 어디론가 굴러가고 있다. 별로 힘을 주지 않으며 얘기하는 것 같은데, 안간힘을 쓰고 있는 표정이 필사적으로 박혀 있다. '밧줄'과 '식칼'이 놓여 있는 집, '도끼'와 '덫'이 숨겨진 숲, 불안과 공포가 장전된 이 기이한 고요와 평화를 대체 무어라 불러야 할까. 그 속에서 시인은 '추락'을 '게임'이라고 부르고, '울다'와 '웃다'를 동의어로 발음한다.

　박규현은 이러한 세계 인식을 고백이나 주장이 아니라 언어의 배치와 운동을 통해 조율해나간다. 그의 언어는

120

발행일 2022. 1. 31.　|　ISBN 979-11-89467-37-1 (03810)
168쪽　|　125×190mm　|　무선제본

문장과 문장의 간격이 넓고 인과적 순서나 논리를 따르지 않는다. 단절되거나 도치된 문장들이 많고, 때로는 동사 하나만 먼저 던져진 채 다른 말들을 기다리고 있다. 그런데 조금씩 어긋나고 비껴가는 듯한 단어와 문장들이 자리를 바꾸며 몇 바퀴 돌다 보면 어느새 나란히 연결되어 있다. 간결한 시행들이 나선형의 구조를 따라 움직이면서 시상을 확장하고 읽는 이의 감각과 정동을 자극한다. 또한, 같은 단어나 음운이 주문처럼 반복되기도 한다. "파열음/ 파수꾼으로부터/ 파괴되지 않으려고"(「파의 기분」)와 같은 병치나, "방 밖에 방이 있는/ 방 안에 방이 있는"(「무대는 무대」)과 같은 반복과 변주를 보자. 의미론적 연결보다는 음성적 연쇄 작용이 소리의 물질성과 속도감을 만들어내며 시에 파동을 일으킨다.

  박규현의 시를 읽는다는 것은 그 미세하고 다양한 파동을 몸으로 느끼는 일이다. 그리고 그의 다정한 식구들을 차례로 만나보는 일이다. 시집 속에서 '나'는 조용히, 그러나 끈질기게 세포 분열하고 있다. 사람이되 사람이 아닐 때까지, "너와 도마뱀"이 가족이 될 때까지, 동물과 식물이 가족이 될 때까지. '나의 가정용 사람들'을 통해 '가족'의 새로운 정의와 윤리가 생겨난다. 이렇게 태어난 '모든 나'는 「안미츠와 성실하고 배고픈 친구들」에서처럼 서로를 쓰다듬으며 사랑받고 있다고 느낀다. 그것만이 죽음의 세계를 견디는 최선의 길이라는 걸 잘 알고 있다는 듯이.

훼손되지 않는 아름다움을 위하여

아침달 시집 21
이제재
『글라스드 아이즈』

발행일 2021. 8. 31. | ISBN 979-11-89467-26-5 (03810)
120쪽 | 125×190mm | 무선제본

책소개

아침달 시집 21권. 이제재의 첫 시집. 이제재는 이번 시집을 펴내며 작품 활동을 시작하는 신인이다. 본 시집은 아픔을 딛고 다시 살아가려는 이들이 만드는 아름다운 유대의 풍경을 보여준다. 육체의 아픔과 정체성의 혼란을 겪으며 성장하는 이들에게 삶이란 난데없이 찾아온, 감당키 어려운 것이다.

편견 어린 외부의 시선을 피해 내면의 굴을 파던 이는 어느 날 바깥에서 쏟아지는 빛을 마주한다. 그에게 그것은 훼손되지 않는 아름다움이다. 또한 우리를 더럽다고 말하는 사람들이 무언가를 아름답게 여긴다고 하더라도 그 아름다움이 훼손되지는 않는다는 이상한 발견이다. 그 울렁이며 반사되는 빛 속에서 우리는 계속 살아가려는 듯이 움직이고 있는 우리들의 초상과 마주한다.

출판사 서평

이제재의 첫 시집 『글라스드 아이즈』가 21번째 아침달 시집으로 출간되었다. 이제재는 이번 시집을 펴내며 작품 활동을 시작하는 신인이다. 본 시집은 아픔을 딛고 다시 살아가려는 이들이 만드는 아름다운 유대의 풍경을 보여준다. 육체의 아픔과 정체성의 혼란을 겪으며 성장하는 이들에게 삶이란 난데없이 찾아온, 감당키 어려운 것이다. 편견 어린 외부의 시선을 피해 내면의 굴을 파던 이는 어느 날 바깥에서 쏟아지는 빛을 마주한다. 그에게 그것은 훼손되지 않는 아름다움이다. 또한 우리를 더럽다고 말하는 사람들이 무언가를 아름답게 여긴다고 하더라도 그 아름다움이 훼손되지는 않는다는 이상한 발견이다. 그 울렁이며 반사되는 빛 속에서 우리는 계속 살아가려는 듯이 움직이고 있는 우리들의 초상과 마주한다.

아침달 시집 21
이제재 『글라스드 아이즈』

**다른 몸,
다른 차원의 가능성을 꿈꾸기**

"분명히 세상에 없었던 언어의 자막처럼 이상한
발견이라고들 할 거야. 꼭 필요한 만큼의 언어로 굴 지도를
그려내고 시간과 기억을 발굴하는 시인 이제재."

시인 김이듬은 추천사에서 이제재의 시가 지나간 시간과
기억을 발굴하고 있음에 주목한다. 어떤 이들은 자라면서 자신의
과거를 깊은 곳에 묻는다. 이를 덮어두려는 까닭은 그것을
파헤쳤을 때 마주하게 될 유년의 고통을 다시금 느끼고 싶지 않기
때문일 것이다. 그러나 유예만으로 더는 삶을 살아갈 수 없는
순간이 찾아올 때, 우리는 덮어두었던 과거를 찾아서 기억의 굴을
파내려간다. 이 굴을 파내려갈 때 마주치게 되는 것은,
자신이 만들고 만났던 굴의 아이들이다.

『글라스드 아이즈』에는 '굴의 아이'의 성장기가 담겨 있다.
이제재에게 삶은 난데없는 것이다. 삶은 "난데없이 부모가
된다는 것과 난데없이 부모를 가진다는 것"이기 때문이다.
우리는 누구를 낳을지 선택할 수 없고, 누구로부터 태어날지
혹은 태어나지 않을지를 선택할 수 없다. 아플지 그러지
않을지 선택할 수 없고, 어떤 정체성을 가지고 태어날지 선택할
수 없다. 우리가 결정할 수 없는 무수한 과정들을 통해 우리는
결정된다. 우리에게는 결정을 물릴 권한이 없다. 다만 우리가
할 수 있는 것은 결정을 넘어서는 다른 꿈을 꾸는 일뿐이다.

독자들은 감각적이면서도 솔직한 목소리를 시집 곳곳에서
듣게 된다. 대표적으로 「월드」라는 시에서 시인은 스스로 시의

대상이 된다. 하나의 몸에서 샴쌍둥이처럼 함께 살고 있는 여자애와 남자애의 성장과 흡수에 관해, 자기 내부에서 자아를 분열시키며 세계를 만드는 글쓰기에 관해 시는 자기분석적인 관점으로 펼쳐진다.

    육체와 세계를 포함한 많은 것들이 이미 결정된 채로 살아갈 수밖에 없는 우리의 삶에 대하여 한 사람은 무엇을 할 수 있을까. 그 삶을 거부하는 방식 중 하나로는 죽음이 있다. 그러나 이는 자신, 혹은 타인에게 슬프고 두렵고 괴로운 일이다. 죽음이 아니라면 다른 삶을 꿈꿔볼 수 있다. 이제재에게 시는 "다른 차원의 가능성"이다. 주어진 몸을 다른 몸으로 교환해보는 일, 이러한 시뮬레이션을 통해 다른 차원의 가능성을 꿈꾸는 일이다. 이러한 꿈의 시뮬레이션을 통해 시인의 자아는 서로 다른 몸을 생성하며 분열하게 된다.

    그러나 이러한 내부로의 골몰, 계속되는 굴 파기가 현실을 바꾸는 것은 아니다. 제자리인 삶을 우리는 그러나 계속해서 살아가야 한다. 그러기 위해서는 살아가야 할 힘이 필요하다. 우리를 살게 하는 그 힘은 어디에서 오는가. 시인은 바깥으로 나가 산책하는 와중에 빛과 유리의 이미지들을 발견한다. 쏟아지는 빛 속에서 유리들에 비치는 풍경들이 서로에게 간섭하는 순간을 목격한다. 이 목격을 통해 시인은 사람들 또한 서로를 반사하며 서로의 영향이 될 수 있을지 상상한다. 이러한 상상은 곧 사람들이 아름다울 수 있을까, 라는 가능성의 질문이 된다. 우리가 꿈꾸는 것들이, 우리가 아름답다고 여기는 많은 것들이 영향력이 되어 퍼져나갈 수 있다는 믿음은 누군가를 살게 한다. 삶을 둘러싼 많은 것들이 지금, 아니면 미래에라도 변화할 수 있음을 아는 것은 허무를 극복하는 힘이기에.

추천사

시간과 기억을 발굴하는 시인에게 | 김이듬(시인)

삶이 신이라면, 기록되어야 한다. 손안이 흠뻑 젖은 관찰자로서, 함묵증을 가진 자기분석자로서, 시인은 음정이 불안한 록 밴드 보컬이 되어가고 있었다. 글 쓰는 자는 자기 내부에서 분열하고 자기 외부에서 자기가 된다.

    삶은 난데없는 것. 계절이 지긋지긋한 메모장처럼 넘어가고 있었다. 환절기, 변성기로 은유되는 겹침의 에피파니, 소년이 되어가는 여자와 여자애의 몸으로 분해 흡수되어가는 남자애가 있다. 중성이란 성을 가지지 않은 것일까?

    그의 작품은 너와 나 사이, 여기와 저 너머 사이, 성과 성 사이, 필담과 필담 사이, 무수한 사이에서 뚝뚝 떨어지며 흘러간다. 시작과 끝보다는 유턴 지점에, 앞자리와 트렁크 사이의 뒷자리에 잠과 잠 사이의 산책에 관심이 많다. 뒤로 뻗은 팔로도 나아갈 수 있음을 알게 하는 시. 끊임없이 이동하고 되어가며 변화하고 번식 중인 과정으로서의 시. 그리하여 있는 그대로 받아들일 수도 반사할 수도 있는 유리의 리플렉션이 발생한다. 자칫하면 우리는 거기에 푹 빠지게 된다.

    지금까지 나는 '굴의 아이'가 한 말을 따라 하고 있었다. 이만큼 이제재의 시는 독성이 있다. 누구든 "오, 글라스드 아이즈! 이처럼 낯설고 신선하며 매혹적인 시집이라니"라고 감탄하겠지. 분명히 세상에 없었던 언어의 자막처럼 이상한 발견이라고들 할 거야. 꼭 필요한 만큼의 언어로 굴 지도를 그려내고 시간과 기억을 발굴하는 시인 이제재. 그는 집에서 만든 묵직한 오믈렛 같은 걸 던지지. 사람은 무엇인가, 아름다울 수 있을까, 쓰는 건 무엇인가 하는 질문들. 그런데 이상한 건, 우리가 아름다운 것이 있었다고 말하게 된다는 거지. 울지도 몰라.

침묵이 금이라고 말한 선생이 또다시 "이 벙어리 새끼야 입 좀 벌리고 제대로 발음을 해!"라고 다그칠지 몰라. 그러니 입술을 둥글게 하고 천천히 쓸 수밖에.

창백하고
부드러운 언어의
공백
그것의 치명적인
아름다움

아침달 시집 18
원성은
『새의 이름은 영원히
모른 채』

발행일 2021. 1. 20. | ISBN 979-11-89467-22-7 (03810)
160쪽 | 125×190mm | 무선제본

책소개

2016년 《문예중앙》을 통해 작품 활동을 시작한 원성은의 첫 시집이다. 총 46편이 실린 본작은 의미에 구멍 난 언어가 그리는 이미지로 가득하다. 원성은의 시에서 언어의 의미와 이미지는 미끄러지고, 어긋나고, 재구성된다.
 그 언어는 읽을 수 없는 외국어처럼 낯설게 보이기도 하지만, 시인 이장욱에 따르면 "의외로 격렬하고 뜨거운 성숙과 사랑의 서사"를 보여주고 있기도 하다. 이는 원성은의 시가 세계에 대한 압박과 공포를 느끼는 이의 생존과 성장의 기록이기 때문이다. 그의 시에 나타나는 알 수 없는 것들에 관한 공포가 치명적인 아름다움으로 이어지는 순간들이 많은 이들에게 목격되기를 고대한다.

출판사 서평

시인 원성은의 『새의 이름은 영원히 모른 채』가 아침달에서 출간됐다. 2016년 《문예중앙》을 통해 작품 활동을 시작한 원성은의 첫 시집이다. 총 46편이 실린 본작은 의미에 구멍 난 언어가 그리는 이미지로 가득하다. 원성은의 시에서 언어의 의미와 이미지는 미끄러지고, 어긋나고, 재구성된다. 그 언어는 읽을 수 없는 외국어처럼 낯설게 보이기도 하지만, 시인 이장욱에 따르면 "의외로 격렬하고 뜨거운 성숙과 사랑의 서사"를 보여주고 있기도 하다. 이는 원성은의 시가 세계에 대한 압박과 공포를 느끼는 이의 생존과 성장의 기록이기 때문이다. 그의 시에 나타나는 알 수 없는 것들에 관한 공포가 치명적인 아름다움으로 이어지는 순간들이 많은 이들에게 목격되기를 고대한다.

아침달 시집 18
원성은 『새의 이름은 영원히 모른 채』

폐허를 견뎌내는 방식의 기록

원성은의 첫 시집을 열면 여러 문학적, 문화적 텍스트들이 숱하게 인용되고, 패러디되며 교차되는 풍경이 펼쳐진다. 그러나 이러한 상호텍스트적인 면면들을 알고 있다고 하여 그것이 곧장 시 해석의 열쇠가 되는 것은 아닌데, 그 텍스트의 그물이 상당히 넓은 범위에 걸쳐 있기도 할 뿐더러, 그 과정을 통해 손에 쥐는 열쇠는 이미 구부러져 있으며 자물쇠는 고장 나 있기 때문이다.

유사한 이미지 간의 겹침을 통해 새롭게 떠오르는 이미지를 뜻하는 제목의 시 「매직아이」에는 위처럼 써먹을 데 없는, 망가진 사물들의 집합만 나타날 뿐이다. 캄캄해진 꽃밭 앞에 우두커니 서서 풍경을 겹쳐서 보아도 보이는 것은 없고, 그 자리에는 "나비를 보았다는 거짓말"만이 떠오른다. 그렇다면 세계에 대한 불안을 떠올리게도 하는 이 "광물의 화학식처럼 난해한" 문장들은 무엇을 가리키고 있는 것일까. 해설을 쓴 평론가 강동호는 일반적인 난해시들이 파격과 일탈을 통해 자유와 쾌락을 추구하는 것과는 달리, 원성은의 시는 절망 어린 항변에 가까운 뉘앙스라는 것을 지적한다. 원성은의 시는 세계가 가진 여러 압력과 하중에 대한 저항의 몸부림이라는 것이다. 평론가 강동호는 이에 따라 "그녀가 시인으로 탄생하는 과정에서 겪었을 것으로 짐작되는 상실과 소외, 그리고 그것과 결부되어 있는 시 쓰기에 대한 첨예한 자의식"에 주목할 것을 청한다.

원성은에게 시인이 된다는 건 재난 중의 탄생과 같은 것이었는지도 모른다. 그는 시인으로서 처음 발표한 시의 첫 줄에 "산불이 나서 내 생일을 축하해주는 줄 알았다"(「면역」)고 쓴다. 그렇게 말하는 시인의 눈에 비치는 세계는 날 때부터 무서운 것이었으며, 공포스러운 동시에 알 수 없는 매혹을 드러내기도 하는 분열적인 대상이다. 그의 시 쓰기가 "폐허에서 자란 포도나무가 가뭄을 견디듯" 시인으로서 수난을 견뎌내는 방식이라면, 그가 먼저 걷는 길이 길 잃은 누군가에게 이정표가 되어주기를 바란다. 또 다른 누군가가 먼저 걸었을 길을 그가 따라 걷고 있듯이 말이다. 그것이 "길을 잃은 단 한 명이라도 조금 덜 무섭고 덜 아프기를 바란다"는 시인의 말에 담은 그의 마음일 것이다.

아침달 시집 18
원성은 『새의 이름은 영원히 모른 채』

발문

세이렌의 시 쓰기 | 강동호(평론가)

원성은의 시는 오인의 기제, 욕망의 언어라는 상징계가 지닌 이름의 허구성에 균열을 낸다. 명명 행위를 통해 우리는 사물을 파악하고, 인지할 수 있다는 믿음과 환상을 제공받지만, 이름이 초래하는 것은 사물의 풍부한 생명력과 다양한 삶을 무화하는 일이기 때문이다. "한 번도 사라진 적이 없는데도 사라진 사람들이라고 불리고 있는 사람들이 있었다"(「트리플렛」) 욕망의 언어를 인정하는 것은 실제를 담아낼 수 없는 언어의 무능함을 망각하고, 이름과 실제 사이에 발생할 수밖에 없는 필연적 어긋남과 분열을 봉쇄해버리는 행위에 종속됨을 뜻한다. 그러한 욕망에 장악되지 않기 위해서는, 말의 노예가 되지 않기 위해서는 세상의 언어와 자기 자신 사이에서 발생하는 어긋남, 즉 분열에 집중하는 한편 그것을 복원할 수 있는 다른 언어를 요청해야 한다.

정답을
알 수 없는 것들의
아름다움

아침달 시집 17
한연희
『폭설이었다 그다음은』

책소개

아침달 시집 17권. 2016년 창비신인문학상을 수상한 한연희의 첫 시집이다. 한연희의 시에는 '정답과 멀어진 내가 좋은' 비뚤어진 마음의 화자들이 등장한다. 발문을 쓴 시인·문학평론가 박상수에 따르면 이는 매 순간 우리를 어떤 틀에 가두고 교정하려는 시도에 대한 저항이다.

 인간이 남자 또는 여자로만 존재하기를 원하는 세상에서 어떤 존재들은 투명하게 지워지거나 교정을 강요받는다. 흑 아니면 백으로 살아가라는 세상에서, 한연희는 흑백이 뭔지 모르는 '정체불명의 톰'이기를 자처한다. 규범에서 벗어난 존재들로부터 아름다운 면모를 발견하고 "사랑한다는 기분에 휩싸"일 때, 우리는 인간이 가진 아름다움이 곧 이분법으로 나눌 수 없는 다양성이라는 것을 알게 된다.

출판사 서평

시인 한연희의 『폭설이었다 그다음은』이 아침달에서 출간됐다. 2016년 창비신인문학상을 수상한 한연희의 첫 시집이다. 한연희의 시에는 '정답과 멀어진 내가 좋은' 비뚤어진 마음의 화자들이 등장한다. 발문을 쓴 시인·문학평론가 박상수에 따르면 이는 매 순간 우리를 어떤 틀에 가두고 교정하려는 시도에 대한 저항이다. 인간이 남자 또는 여자로만 존재하기를 원하는 세상에서 어떤 존재들은 투명하게 지워지거나 교정을 강요받는다. 흑 아니면 백으로 살아가라는 세상에서, 한연희는 흑백이 뭔지 모르는 '정체불명의 톰'이기를 자처한다. 규범에서 벗어난 존재들로부터 아름다운 면모를 발견하고 "사랑한다는 기분에 휩싸"일 때, 우리는 인간이 가진 아름다움이 곧 이분법으로 나눌 수 없는 다양성이라는 것을 알게 된다.

아침달 시집 17
한연희 『폭설이었다 그다음은』

편 가를 수 없는 사랑을 위해
서로가 서로의 뿌리가 되어주려는 마음

한연희의 화자가 바라보는 세상은 흑과 백으로 나누어지길 좋아하며, 인간은 남과 여로 존재하기를 원한다. 그러니 양쪽 중 어느 한쪽으로 자신의 정체성을 가두어둘 수 없는 그의 화자가 비뚤어지는 것은 당연하다. 강요받는 정답이 자신과 맞지 않기 때문이다.

버림받은 고양이처럼, 투명해진 유령처럼 그의 화자는 "세상에 여러 번 잘못 태어났다는 기분"을 느낀다. 자신의 존재를 부정하는 세상에서 소수자로 살아간다는 것은 유령과 다르지 않은 탓이다.

그러나 또한 한연희의 관점에서 "신은 늘 불완전함을 꿈꿔왔"으며 "세계는 경계를 나눈 적이 없다." 이때 그의 화자의 말은 세상이 개인에게 가하려는 교정에 대한 저항이라는 맥락 위에서 작동한다. 그렇기에 그의 화자는 "올바른 자세를 배워도 금세 틀어지는 몸뚱이가 나의 자랑"이라고 말한다.

한연희의 시에 나타나는 양성적 성향을 반영하는 대표적인 오브제는 콧수염이다. "점잖은 척 얌전 빼는" 아가씨였던 한연희의 화자는 "남자의 콧수염을 떼어내"어 자신의 코밑에 붙여버린다.

한연희에게 있어 콧수염이란 "하루에 1센티씩 자라나 인중을 덮는 무궁무진한 것", "내 인식의 지평을 열어주는 것"이다. 세계는 콧수염 난 인간들 때문에 곤두박질쳤지만, 전쟁을 멈추는 데 콧수염만 한 것도 없지 않겠느냐고 한연희의 화자들은 너스레를 떤다. 오늘날 카이저 수염이 위엄이라는 상징을 잃고서 조금은 엉뚱하고 유머러스한 오브제로 바뀌게 되었듯이, 한연희의 콧수염 또한 익숙한 자리에서 벗어나는 순간 더 넓고 다양한 느낌의 세계로 들어선다. 한연희의 시에는 그러한 콧수염과 같은 엉뚱하고 귀엽고 사랑스러운 이미지들이 가득하다. 세계 어디론가 굴러가는 체코 연필과, 던진 볼의 무게만큼 엉뚱함이 불어나는 볼링장, 간장공장공장장 말놀음을 유발하며 대활약하는 간장, 그리고 많은 언니와 고양이들.

  그러나 이러한 이미지들이 모여 있는 곳은 학살과 전쟁이 끊이지 않는 종말론적 세계다. 사랑을 모르는 이들이 편을 갈라 폭력을 일삼는 세계에서 어느 편에도 속할 수 없는 이들이 보는 세계의 전망이 밝을 리 없다. 그러나 이러한 어두운 전망 속에서도 한연희의 화자들은 말한다. "서로가 서로에게 뿌리가 되어주자"고. "사랑을 모르는 작자는 용서할 수 없"으니 "폭력을 일삼는 것들과 맞서 싸울 거"라고. 그것이 한연희의 콧수염 숙녀가 "늘어나는 편견의 울타리를" 부수기 위해 수행하는 작전이다.

발문

전격 톰보이 작전 | 박상수(평론가)

너의 화자를 경유하여 상상해보는 너. 이만큼 자유로운 너를 본 적이 있었을까. 물론 이 말은 너의 화자가 '남성'이 되고 싶다는 말이 아니라 "나는 어른이 아니고 어린이도 아닌/ 정체불명의 톰// 톰은 화성에서 왔으니까/ 흑백이 뭔지 모르니까/ 너무 많은 모자 중에서 이상하고 아름다운/ 초록색 아이"(「톰보이」)라는 말처럼 '이상하고 아름다운 존재'가 되고 싶다는 말이겠지. 여성성과 남성성을 모두 가진, 중성적인 매력의 '톰보이'가 되고 싶다는 것이겠지. 80년대 유행했던 드라마 중에 〈전격 Z 작전〉이라는 미국 드라마가 있었잖니. 불의의 사고 후 성형 수술을 하고 신분 세탁을 한 전직 형사가 인공 지능을 가진 '키트'라는 자동차와 함께 악의 세력을 처단하는 그런 드라마. 이번 시집에서 그 제목은 '전격 X 작전'으로 변형되어 들어와 있지만, 너는 아마도 '전격 콧수염 작전'이라는 이름을 붙인 작전을 지금 수행 중인 것은 아닐까. 아니면 '전격 톰보이 작전'이라고 해야 할까. 그게 어느 쪽이든 '이것이 전부여서는 안 되는 우리의 삶'을 위해, 하지만 무엇보다도 내가 사랑하고 아꼈던 한 존재를 위해 너의 이야기를 따라 읽는 지금, 나는 무한한 기쁨을 느껴. 전격 톰보이 작전. 미션 수행 중!

사랑의 종료를
통해 시작되는
새로운
사랑의 가능성

아침달 시집 16
김선오
『나이트 사커』

책소개

아침달 시집 16권. 김선오의 『나이트 사커』가 아침달에서 출간됐다. 시인 김선오 이번 첫 시집을 통해 44편의 시와 한 편의 산문을 발표하며 작품 활동을 시작하는 신예다. 김선오의 시는 집요하다. 그의 시선과 문장은 쉬지 않고 이동하는 대상을 좇아가며 기록한다.

추천사를 쓴 시인 황인찬에 따르면 이 집요함은 존재하지 않는 '너'를 영원토록 존재하도록 만들기 위한 고투이다. '너'가 존재하고 나서야 아직 없는 '우리'가, 즉 우리의 세상이 시작되기 때문이다. 이를 위해 김선오는 하나의 사랑으로 만들어진 이 폭력의 세계를 잿더미로 만들고 아직 오지 않은 우리를 감각하려 한다. 사랑이 끝난 뒤 찾아오는 새로운 사랑의 세계, '사랑 없음'의 세계가 지금 우리에게 도착하고 있다.

출판사 서평

김선오의 『나이트 사커』가 아침달에서 출간됐다. 시인은 이번 첫 시집을 통해 44편의 시와 한 편의 산문을 발표하며 작품 활동을 시작하는 신예다. 김선오의 시는 집요하다. 그의 시선과 문장은 쉬지 않고 이동하는 대상을 좇아가며 기록한다. 추천사를 쓴 시인 황인찬에 따르면 이 집요함은 존재하지 않는 '너'를 영원토록 존재하도록 만들기 위한 고투이다. '너'가 존재하고 나서야 아직 없는 '우리'가, 즉 우리의 세상이 시작되기 때문이다. 이를 위해 김선오는 하나의 사랑으로 만들어진 이 폭력의 세계를 잿더미로 만들고 아직 오지 않은 우리를 감각하려 한다. 사랑이 끝난 뒤 찾아오는 새로운 사랑의 세계, '사랑 없음'의 세계가 지금 우리에게 도착하고 있다.

아침달 시집 16
김선오 『나이트 사커』

폭력이 은폐된 세상을 잿더미로 만들기

담담한 목소리로 그려내는 감각적인 이미지는 김선오의 특징이다. "흰 방의 완벽을 위해 창밖에도 눈보라가 몰아치고 있"는 풍경 속에서 김선오는 집요하게 관찰하고 반복한다. 그의 집요한 시선은 캄캄한 와중에 이곳저곳으로 움직이는 대상과 함께 운동한다. 이 반복 운동을 통해 드러나는 것은 이 세계가 가진 부정성이다.

특히나 육식으로 만들어진 세계에 대한 부정은 시집 곳곳에서 발견된다. 부록으로 실린 산문에서 시인은 "고기라니, 너무 이상한 말이다. (…) 양파는 팔리기 전에도 양파라 불리고 땅 속에서도 감자는 감자이며 바닷속에서도 미역은 미역이다. 그러나 돼지나 소나 닭은 식재료가 되고 나면 이름 뒤에 고기라는 말이 붙는다."라며 육식을 자연스럽게 받아들이도록 만든 언어와 세상에 의문을 표한다.

동물과 인간이 다르지 않은 생명이라는 인식은 고기를 인간의 자리에 두는 여러 시편들을 통해 드러난다. 주어 '나'의 위치에 '고기'를 넣어 지극히 일상적인 풍경을 담아내는 「비와 고기」, 하나의 거대한 살점과 이를 잘라내는 칼에 관한 꿈을 그린 「냉동육」, 몸에 박힌 수십 개의 이빨에 관해 집요하게 말하는 「미디엄 레어」 등등 다수 시편들은 동물이 겪는 폭력을 인간의 위치에 놓아 이 일의 부조리함을 보여주고 있다.

사랑의 형태는 하나뿐이며, 이와 다르면 정상성에서 벗어나는 것이라는 믿음을 통해 만들어진 세상을 우리는 살고 있다. 김선오의 시에서 이러한 세상은 부정되고 사랑은 종료된다. 김선오는 하나의 사랑에 관해 말하는 대신에 '사랑 없음'이 왔다고 말하는 시인이다. 그는 아직 오지 않았거나 이미 사라진 '너'를 집요하게 호명한다.

이러한 부름을 통해 "너는 빠르게 늙고 느리게 다시 태어난다." 다시 태어난 너를 통해 '우리'라는 세계가 재시작된다.

이 새로운 사랑의 세계는, 사랑 없음 또한 사랑의 다른 가능성인 세계일 것이다. 김선오는 이런 보이지 않는 사랑의 다른 형태가 있다고, 혹은 이미 여기에 있다고 말하고 있다.

아침달 시집 16
김선오 『나이트 사커』

발문

아직 시작되지 않았으나 이미 불타버린 사랑
| 황인찬(시인)

밤에 축구를 하는 사람들을 보면 생각하게 된다. 이 캄캄한 밤에
저토록 환한 빛을 켜두고, 사람도 공도 빛에 가려 보이지 않는
저곳에서 저토록 열심이구나. 이쪽에서 저쪽으로 날아가고, 다시
저쪽에서 이쪽으로 달려오며, 이 운동은 영원히 끝이 없겠구나.
이 시집의 제목이 '나이트 사커'일 수밖에 없는 것은 이 시집 역시
이처럼 하염없이 어둠 속을 오가는 운동을 하고 있기 때문이리라.

이 집요함은 어디서 오는 것일까. 시집을 읽으며 계속한
생각이다. 김선오의 시는 사랑이 끝났다고 집요하게 말함으로써
오히려 사랑의 불가능을 파괴하려 하는 것 같다. 아직
시작되지 않았으나 이미 불타버린 사랑, 그리하여 처음부터
존재하지 않는 사랑. 그러나 그러한 사랑을 '나'만이 기억하고
있다면, 그것은 또한 '나'가 살아 있는 한, 영원히 사라지거나
훼손되지 않는 진실이 되리라. 시집 속에 등장하는 여러
'너'들이 이미 존재하지 않는 사람처럼 읽히는 것도 그런 까닭
아닐까. '너'는 존재한 적 없으나 '너'는 영원히 존재한다.
"나는 너를 부른다. 너는 이미 사라지고 없다. 나는 너를 부른다.
너는 오랫동안 발생한다."(「실낙원」) 이 시집은 존재하지 않는
'너'를 영원히 존재하도록 하기 위한 일종의 집요한 고투라고
할 수 있다.

이 도저한 사랑의 (불가능의) 기록에서 가장 인상적인 대목 가운데
하나는 '우리'라고 말하는 순간에 있다. 이 시에서 '우리'라는
말이 등장하는 순간을 잘 살펴보라. 그렇다면 당신은 '우리'가

마치 허공에 발을 딛고 곧 사라질 것처럼 위태롭게 위치하고 있음을 알아차리게 될 것이다. 그리고 당신은 이 '우리'가 "아직 없는 우리"(「사랑 없음 입장하세요」)라는 사실을 알아차리게 될 수도 있을 것이다. '우리'라고 말하면서도 좀처럼 '우리'가 보이지 않는 이 세계가 내게는 처절하고도 가슴 아프게 읽힌다. 하지만 우리는 그 어둠 속에서, 빛에 가려 보이지 않는 '너'를 찾을 수 있고, 또 '우리'의 향방을 헤아릴 수도 있다. 그것이 지금의 우리가 살아가는 방법이고, 또 이 시집이 그려내고 싶어 하는 것이다.

씩씩하고 자유로운 시적 투쟁의 기록

아침달 시집 15
윤유나
『하얀 나비 철수』

책소개

아침달 시집 15권. 윤유나의 첫 시집. 윤유나는 등단이라는 관례를 거치지 않고 한 권의 시집을 통해 처음 독자 앞에 선다. 그는 첫 시집에 약 41편의 시와 산문을 통해 씩씩하게 전진하는 언어의 힘을 담았다. 사회와 여성과 예술에 관한 사유들은 때로는 직진으로 솔직하게, 때로는 앞 문장이 뒤 문장을 배반하는 둔갑의 형식을 선보이며 자유롭게 도약한다. 시인 이원은 이러한 윤유나의 시를 두고 "여성으로부터, 가족으로부터, 사회로부터 '나 데리고 나오기'"라고 평하며, "그 투쟁의 기록"이라고 덧붙인다.

출판사 서평

윤유나의 첫 시집 『하얀 나비 철수』가 아침달에서 출간됐다. 윤유나는 등단이라는 관례를 거치지 않고 한 권의 시집을 통해 처음 독자 앞에 선다. 그는 첫 시집에 약 41편의 시와 산문을 통해 씩씩하게 전진하는 언어의 힘을 담았다. 사회와 여성과 예술에 관한 사유들은 때로는 직진으로 솔직하게, 때로는 앞 문장이 뒤 문장을 배반하는 둔갑의 형식을 선보이며 자유롭게 도약한다. 시인 이원은 이러한 윤유나의 시를 두고 "여성으로부터, 가족으로부터, 사회로부터 '나 데리고 나오기'"라고 평하며, "그 투쟁의 기록"이라고 덧붙인다.

윤유나의 시는 당돌하다. 그의 시는 직진하는 언어로 가득하다. 이는 윤유나 자신이 산문에서 밝히고 있듯이 "시는 언어로 쓰는 것"이라는 진실을 깨달은 데서 오는 목소리인 듯하다. 시는 당연히 언어로 쓰는 것이지만, 이 말의 속뜻을 정말로 이해하는 시인은 그리 많지 않다. 일례로 어떠한 시를 보면 마치

시로 그림을 그리려 했거나 음악을 만들려고 했다는 것을
알 수 있다. 윤유나가 전술한 깨달음에 앞서 "나는 시가 소리로
그리는 그림인 줄 알았"다고 말하는 것은 이러한 생각에 관한
표현과 다르지 않다. "세상을 다 알 것 같"은 깨달음은 다른
깨달음으로 이어진다. 「쓰레기」라는 시에서 오랫동안 잃어버렸던
'나'(라는 주어)는 느티나무 밑에서 발견된다. 지쳐 숨을 내쉬는
거리, 지나치게 따뜻한 거리. "눈알 굴러다니는 공중전화 박스"가
있는 거리. "달아나고" 싶다는 생각이 들 만큼 세상은 아름답지
않다는 것. 어쩌면 세상은 쓰레기라는 것. 그런 세상에서
"달아나고 싶지 않다"고 말하는 것은 "느티나무 밑에서 발견된"
나 또한 길고양이들조차 눈길을 주지 않는 '쓰레기'라는 걸
알기 때문이다. 이러한 연속된 부정의 인식 속에서 반대로 세상은
살아보고 투쟁해볼 만한 장소가 된다.

시와 사회, 몸과 죽음, 그리고 인간과 여성성에 관한 화두가
깨달음 속에서 꼬리를 물고 이어진다. 행과 행이 서로 배반하는
동시에 아주 익숙한 속어들로 구성되는 것은 윤유나 시의
특징이다. 김정은 문학연구자는 이에 관해 "윤유나의 시는
평범한 사람들이 내는 평범한 목소리에 대해서 우리의
언어가 충분히 형용하지 못한다는 점 역시 예민하게 가리키고
있"다고 지적한다.

　　더불어 행간의 배반과 속어의 전개는 독자가 너무 깊이
시에 침윤되는 것을 막아내려는 시인의 의지처럼 보이기도
한다. 나쁜 새끼 / 적어도 네가 아픈지는 알아야지 (…) 시만
사랑하라는 법 있어"(「혁명의 거짓말」)라고 시인은 직설한다.
"시로부터 인간을 지켜주고 싶었다. 시를 둘러싼 욕망이 인간을
망가뜨리는 모습을 보면서. 시는 언어로 만드는 물질에 불과하다.
인간을 망가뜨릴 수는 없다"라고, 무력함을 느끼면서도

용기 내어 말하는 윤유나에게서 시와 인간의 관계를 재정의하고, 시로부터 인간들을, 누구보다 시인들을 보호해내고자 하는 의지를 엿보게 된다. 그것은 또한 윤유나가 꾸준히 시에서 말하고 있는 사랑의 한 얼굴일지도 모른다. "'사랑'에서 '사람을 사랑하는 것'으로 확장된 질문 위로" 날아가는 헬리콥터 같은 모습 말이다.

추천사

인간의 언어가 인간을 보호해줄 수도 있다는 믿음
| 김소연(시인)

아침달이 오래 고민하며 선택한 새로운 시인을 선보입니다. "다 같이 노래하는 지옥"에서 "정말로 인간을 보호해주고 싶었다"라고 선언하고 있는 윤유나의 첫 시집 『하얀 나비 철수』를 만나고서 당신이 부디 괴롭다가 즐거워졌으면 좋겠습니다. 당신의 경험이 윤유나의 경험들과 겹쳐질 때마다 당신이 더없이 무서워지고 동시에 더없이 건강해지면 좋겠습니다. 아무리 자유로웠던 시도 더 자유로울 수 있다는 걸 윤유나 시인을 통과하며 저처럼 당신도 느낄 수 있으면 좋겠습니다. "온갖 미사여구를 바쳐야 끝나는 생의 모든 걸 건 아침" 따위는 하지 않을 때에, 오히려 시인의 언어가 아름다울 수 있다는 것을 부디 실감하셨으면 좋겠습니다. 무언가가 집약될 법한 지점에서 돌연 도약을 감행하는 시인의 용감한 걸음을 기꺼이 따라가주세요. 매번 끝에서 멈추지만, 그 끝은 끝 너머의 끝이며 우리가 살아온 이곳의 한가운데라는 것이 놀랍고도 반가울 겁니다. 이렇게 해서 인간의 언어가 인간을 보호해줄 수도 있다는 믿음이 우리에게 다시 한번 도착할 것입니다.

빛을 삼키는
빛의 시집

아침달 시집 11
김영미
『맑고 높은 나의 이마』

책소개

아침달 시집 11권. 2012년 《현대문학》 신인추천으로 등단한 시인 김영미의 시집. 등단 8년 만에 펴내는 첫 시집이다. "지나치려는 순간 다시 붙잡는 힘"(김행숙 시인)이 있다는 평을 받으며 작품 활동을 시작한 김영미는 이번 시집에서 총 45편의 시에 특유의 맑고도 서늘한 서정을 벼려놓는다.

그의 시가 빛나는 한편 서느런 기운을 품고 있는 까닭은 "있다가 없어지는 것들에 더 오래 주목"한다는 그의 시선에 있다. 추천사를 쓴 시인 김언희는 김영미 시집의 이러한 특징을 가리켜 "빛이 빠져나가는 한순간과 그 순간이 다른 빛으로 채워지는 기적 같은 찰나, 그 자체"라고 말하며 "빛을 삼키는 빛의 시집"이라 평한다.

출판사 서평

2012년 《현대문학》 신인추천으로 등단한 김영미의 시집 『맑고 높은 나의 이마』가 아침달에서 출간됐다. 등단 8년 만에 펴내는 첫 시집이다. "지나치려는 순간 다시 붙잡는 힘" (김행숙 시인)이 있다는 평을 받으며 작품 활동을 시작한 김영미는 이번 시집에서 총 45편의 시에 특유의 맑고도 서늘한 서정을 벼려놓는다. 그의 시가 빛나는 한편 서느런 기운을 품고 있는 까닭은 "있다가 없어지는 것들에 더 오래 주목"한다는 그의 시선에 있다. 추천사를 쓴 시인 김언희는 김영미 시집의 이러한 특징을 가리켜 "빛이 빠져나가는 한순간과 그 순간이 다른 빛으로 채워지는 기적 같은 찰나, 그 자체"라고 말하며 "빛을 삼키는 빛의 시집"이라 평한다.

김영미 시집의 전체를 관통하는 계절은 여름이다. 그러나

아침달 시집 11
김영미 『맑고 높은 나의 이마』

그 여름은 일반적인 연상대로 뜨겁게 불타오르기만 하는 여름은 아니다. 실제 여름이 무성한 초록과 장마와 불볕더위와 태풍을 견디며 다변하는 양상을 보이는 것처럼 시집 속 여름도 다양한 얼굴로 나타난다. 그 여름은,

> 지기 위해 우리들의 여름은 뜨거울 것인데 내일 아침 해는 또 누가 띄운 풍등일까
> ─「지지 않는 밤」 부분

의 경우처럼, 뜨거움 뒤에 지는 것들을 예감하는 계절이기도 하고,

> 여름은 차고 깨끗했습니다 유리잔 안에서 얼음이 무너집니다 소리 죽인 티브이에서 빙산이 내려앉습니다
> ─「銀」 부분

의 경우처럼, 얼음과 빙산으로 대변되는 무언가가 무너져 내리는 계절이기도 하다. 이 밖에도 막대 아이스크림을 빨며 외인묘지 길을 걷는(「합정」) 풍광, 한여름이 새해인 나라를 생각하며 폭염 속에서 보내는 연하장(「연하」), 한여름에 아이스링크장에서 트랙을 돌며 상처를 딛고 성장하는 이미지(「한여름의 아이스링크」) 등 시집에 나타나는 여름의 모습은 반짝반짝 다채롭다.

    김영미는 이렇듯 "오래 고여 있던 여름"(「층층나무 아래」)들을 무성하게 풀어놓는다. 시인 서윤후와 나눈 인터뷰에서, "시인에게 여름은 어떻게 찾아와서, 무엇을 남기고 가는 것"이냐는 서윤후의 질문에 김영미는 "짧은 시간 동안의 열기, 견딜 수 없는 열망이나 절망 같은 것들로 다 타버리고 마는 계절"이라 답한다. 이처럼 김영미는 여름이 지닌 소진의 의미에

주목하며 소진되는 순간의 빛과 열기, 소진의 과정이 주는 상처, 그리고 상처의 재생을 짚어낸다. 그의 시집이 무더운 여름에 읽히기를 기대하는 이유다. "여름엔 추운 나라의 음악을 들어야 한다"(「나의 여름」)라는 구절처럼, 김영미의 시집이 여름을 노래하는 추운 나라의 음악이 되기를 바란다.

몰라서 아픈, 모르는 곳의 아픔들

시집 후반부에 수록된 시인 김영미와의 인터뷰에서, 시인 서윤후는 "이 세계가 '결별의 사슬'이 끊이질 않는 굴레 속에 있다"라고 시집에 관한 인상을 요약했다. 김영미에게 결별은 인생에서 매번 놓치고 있는 것들이며, 놓치면서도 여전히 무엇인지 몰라 아픈 것들이다. 가령 그에게는 이별과 죽음, 그리고 믿음 같은 것들이 그렇다. 시집에서 이러한 결별들은 있었다가 사라지는 것들의 이미지로 새겨진다. 얼어 있다가 녹아내리는 얼음들이 그렇고, 멀리로 날아가 결국에는 사라지고 마는 풍등이 그렇고, 이마를 높이 들고 석양을 빛내는 묘비들이 그러하며, 잘 모르는 곳으로 사라지는 아이들이 그렇다.

결별은 아픔을 남긴다. 아픔이 있다가 사라지는 곳에 남는 것은 상처다. 당시에는 잘 모르다가도 지나고 보면 남은 상처인, 상처를 남기며 떠나오는 시기인 학창 시절의 이미지가 시집에서 자주 나타나는 것은 자연스럽다. 무덤 대신에 어린이대공원으로 소풍을 가는 학생들(「빗방울이 쪼개지던」), 리코더로 아무도 모르는 곡을 연주하던 여학생, 지루한 일상과 사소한 일탈을 오가는 합주부 친구들(「위태로워 자라날수록 샤프심은」), 바람만 불어도 벼락같이 웃어대는 아이들(「호밀밭」) 등이 들려주는 이야기는 위태로워서 아름답고, 아름다우면서도 아프다. 이러한

아픔과 아름다움은 수학여행의 이미지들이 빠르게 흘러가는
「불국」에서 지워지지 않을 인상을 남기며 만개한다.

"자유로운 오독을 선물해준/ 척박한 번역서를 대하듯"
(「처음의 비」)이라는 구절처럼, 김영미의 첫 시집이
눈 밝은 독자들에게 다양한 의미로 읽히기를 기다린다.
녹아서 "여러 갈래로 길을 만"(「나의 여름」)드는 얼음처럼.

발행일 2019. 6. 20. | ISBN 979-11-89467-11-1 (03810)
96쪽 | 125×190mm | 무선제본

추천사
스스로의 빛을 걸러내면서 | 김언희(시인)

김영미는 유니크한 시인이다. 그의 태생과 지향은 동시대적 흐름 너머에 있다. 그의 시에는 그 무엇으로도 포섭할 수 없고, 포착할 수 없는 지점이 있다. 그의 첫 시집 『맑고 높은 나의 이마』는 빛을 삼키는 빛의 시집이다. 때로 그의 시편들은 빛이 빠져나가는 한순간과 그 순간이 다른 빛으로 채워지는 기적 같은 찰나, 그 자체이기도 하다. 스스로 빛이 되기를 거부하면서, 손바닥에서 칼이 자라나도록, 스스로의 빛을 걸러내면서, 오롯이 빛이 현현하는 찰나―'그 자체'이고자 하는 시.
이 무시무시한 불가능에 시인은 '전면과 직전'으로 대응한다. 현란하고도 부박한 시절, 촛불처럼 일렁거리지 않는 맑고 높은 직심(直心)의 시인. 김영미는 과연 유니크하다. 뇌리를 떠나지 않을 첫 시집을 친견하는 이 영광!

정확한 온도를
지키는 시
시 읽는 즐거움을
회복시키다

아침달 시집 10
조해주
『우리 다른 이야기 하자』

발행일 2019. 1. 31. | ISBN 979-11-89467-10-4 (03810)
104쪽 | 125×190mm | 무선제본

책소개

조해주의 첫 시집. 등단을 출간의 기준으로 삼지 않고 원고의 수준과 작가의 가능성을 중심으로 출간을 결정해온 아침달에서 열 번째로 선보이는 시집이다. 시인 조해주는 아침달에서 첫 시집을 펴냄으로써 작품 활동을 시작한다. 시인 유계영은 조해주의 시를 "건강하다"고 평한다. 시의 주제와 강박들로 인해 시 읽기가 조금 피곤해진 독자들이라면 조해주의 시가 시 읽기의 즐거움을 다시 회복시켜줄 것이라고 말한다.

감정의 균형을 잘 지키는 것은 조해주의 시를 대표할 만한 특징 중 하나다. 조해주는 일상에 산재한 드라마를 자신의 것으로 만드는 대신에 거리를 두고 지켜본다. 때문에 그의 목소리는 짐짓 무심하게 들리지만, 그런 일정량의 무심함이 자신과 대상을 다치지 않게 한다는 것을 조해주는 잘 알고 있는 듯하다.

출판사 서평

아침달 시집 10, 조해주의 첫 시집 『우리 다른 이야기 하자』가 출간됐다. 등단을 출간의 기준으로 삼지 않고 원고의 수준과 작가의 가능성을 중심으로 출간을 결정해온 아침달에서 열 번째로 선보이는 시집이다. 시인 조해주는 아침달에서 첫 시집을 펴냄으로써 작품 활동을 시작한다.

시인 유계영은 조해주의 시를 "건강하다"고 평한다. 여전히 많은 독자들은 시가 '난해하고' '우울하다'고 생각한다. '세상과 불화하는 자아'나 '명랑한 광인'들의 목소리들을 시가 오랫동안 대변하고 또 모색해왔기 때문일 것이다. 유계영은 이러한 시의 주제와 강박들로 인해 시 읽기가 조금 피곤해진

아침달 시집 10
조해주 『우리 다른 이야기 하자』

독자들이라면 조해주의 시가 시 읽기의 즐거움을 다시
회복시켜줄 것이라고 말한다.
　　감정의 균형을 잘 지키는 것은 조해주의 시를 대표할 만한
특징 중 하나다. 조해주는 일상에 산재한 드라마를
자신의 것으로 만드는 대신에 거리를 두고 지켜본다. 때문에
그의 목소리는 짐짓 무심하게 들리지만, 그런 일정량의
무심함이 자신과 대상을 다치지 않게 한다는 것을 조해주는
잘 알고 있는 듯하다.
　　조해주는 필요한 만큼만 말함으로써 독자들을 편안하게
다른 생각으로 움직이도록 만든다. 그런 의미에서
'우리 다른 이야기 하자'라는라는 제목만큼 이 시집의 특징을
잘 표현하는 말도 없을 것이다. 넘치지 않는 정확한 온도를
지키는 말과 정서가 요즘 시에 부족하다고 느끼는 많은
이들의 허기를 이 시집이 달래주기를 바란다.

평범한 일상 속에서 관찰되는 이상한 단면들

조해주의 정서는 불안하기보다는 튼튼하고, 그에 따르는
문장은 간결하다. 그러나 그로 인해 발생되는 자연스러움이
단순한 일상의 잔영에 머무르는 것은 아니다. 평범하게
넘길 법한 일상적인 장면도 조해주의 눈빛과 말을 입으면 일순간
시의 무대로 넘어온다. 그러한 무대의 이동이 조해주의 시에서
대개 '말'을 통해 이루어진다는 점은 눈여겨볼 만하다.

누군가가 내게 건넨 것과 내게 필요한 것이 일치하지 않는 저런
흔한 일상의 순간이라면 보통은 부정의 말을 하기 마련이다.
그러나 조해주는 "아니오, 그거 말고, 저거요"라고 말하는 대신에
"맞아요, 이것이 필요했어요"라고 말한다. 얼굴에는 여전히

어리둥절하다는 표정을 띄운 채.

이러한 혼란 속에서 유지되는 것과 변화하는 것 사이의 기묘한 조화가 조해주의 시를 독특하게 만든다. 말이 통하지 않는 가운데 건네받은 것에 대하여 부정하지 않음으로써 표면적인 정서는 평안하게 유지된다. 그러나 이렇게 말하는 것이, 그 평안이 표면적인 것일 뿐이며 속에서는 딴생각을 하고 있다는 뜻은 아니다. 평안을 유지하기 위한 말이 밖으로 나오는 순간 내가 필요했던 것이 정말로 바뀌기 때문이다. 그렇기에 '나'가 설탕에 절인 포도를 받고서 짓는 어리둥절한 표정은 '내가 말하던 건 이게 아니었다'라는 의미인 동시에 '사실 내가 말하려던 것이 이것인 줄 나도 몰랐다'라는 의미가 된다. 이러한 필요했던 것 자체의 변화는 즉, 감각 자체의 변화이다.

조해주의 시에서, 나와 세상의 의견 불일치와 이에 따른 변화가 '말'로 나타나는 사례는 그밖에도 다양하다. "이번 주말에도 다음 주말에도 비가 온다고 했는데"(「익선동」) 오지 않는 일이나, "갑작스러운 질문을 받을 때"(「참석」) 너무 깊이 생각하지 않는 일, "그가 마침 잘 아는 곳이 있다고"말할 때 "이 모든 것이 신기하다고 대답"(「일행」)하는 일, 단골이 되고 싶지 않아서 말없이 고개만 끄덕이다가 나오는 카페의 주인이 어느날 "차갑게, 맞지요?"(「단골」)라고 묻는 일.

일상의 순간들이 나 또는 상대의 말을 통해 변화한다는 점 때문에 약간 엉뚱한 방향으로 향하는 조해주의 말들은 일상의 순간들 또한 기이한 모습으로 변화시킨다. 이때 관찰되는 일상의 이상한 장면들, 단면들은 역설적으로 우리 삶에 얼룩덜룩 묻어 있는 관습들의 이상함을 드러내기도 하는 것이다.

그러나 이 드러냄은 폭로의 형식을 취하지 않는다. 시인 김언의 말대로 조해주의 시는 "아주 편안하게 우리를 딴생각으로 몰아세"운다. 그의 시는 불편하지도 불가해하지도 않다. 조해주의 시집은 우리가 당연하다고 생각했던 일상 속에서, 낯선 단면을 엉뚱하고도 지혜롭게 들리는 목소리와 미온의 정서를 통해 발견하는 경험을 제공한다.

추천사

미래를 살아갈 미지의 당신에게 | 김소연(시인)

조해주의 시집을 읽으면서 마음에 드는 시편들에 귀퉁이를
접지 마세요. 거의 다 접혀 있게 될 수도 있으니까요.
어느 시구에 대고 밑줄을 그으려고도 하지 마세요. 도드라진
몇몇 문장보다 다음에 오고 있는 문장으로 앞 문장을 견디는
방식이 더 멋지니까요. 조해주의 시 세계에서 키워드를
찾기 위해 애를 쓰는 것도 불가능하리라 생각됩니다. 조해주는
우리가 시에 대하여 익히 알고 있는 몇몇 키워드로는 요약할
수 없는 지점을 향해 나아가고 있으니까요. 이 시집을
미래를 살아갈 미지의 당신에게 선물로 주세요. 어떤 시집은
미리 미래를 살아가고 있다는 걸 실은 알고 있지만, 그런
시집을 찾아내는 게 쉬운 행운은 아니라고 생각하시는 분에게
특히나 소용스러울 겁니다. 다만 현재 진행형인 이 시간이
더 소중하다고 생각하신다면, 만약 그렇다면, 더더욱 이 시집이
적합할 겁니다. 우리가 겪었을 법한 어떤 순간이, 겪었음에도
불구하고 제대로 마음에 담아본 적 없이 지나쳐버린 순간이
이 시집에는 생생하고 선명하게 담겨 있답니다. (…) 이 세상엔
응원해야 마땅할 시집이 많지만, 이 시집은 더 각별한 응원이
필요합니다. 비등단 시인의 첫 시집이며, 지금을 성실하게 견디며
살고 있는 이십 대의 비망록입니다. 좌절도 희망도, 다정함도
씩씩함도, 피로와 고독도 조해주에게는 필요치 않은 듯해
보입니다. 당연히 의연합니다. 표출된 의연함이 아니라 기조에서
은은하게 배어 나오는 의연함입니다. 아무리 반복해서 읽어도
이 시집은 기묘하게 신비합니다. 이 신비에 이름을 붙일 수는
없습니다. 경험할 수 있을 뿐입니다. 이런 경험을 나누어 가지는
일이 시를 읽는 보람이라는 것만은 분명합니다.

아침달 시집 10
조해주 『우리 다른 이야기 하자』

추천사

"맞아요. 이것이 필요했어요." | 김언(시인)

조해주 시의 매력은 일단 자연스러움에서 찾을 수 있다. 억지로 짜낸 것이 아니라 자연스럽게 흘러나오는 대로 쓴 듯한 그 시가 그렇다고 당연한 말만 하고 있는 것은 아니다. 당연하게 넘길 법한 일상적인 장면도 조해주의 시에 닿으면 이상한 단면을 만들어내는 광경으로 돌변한다. 우리가 한 번씩 겪었을 법한 장면들이, 그래서 흔하디흔한 일상의 그 장면들이 일생의 한순간으로 포착되면서 시의 공간으로 넘어오는 것이다. 일상이 시로 도약하는 순간과 맞먹는 그 순간을 위해 조해주의 시가 딱히 힘을 들이는 것 같지는 않다. 애써 생소한 장치를 만들어내지도 않는다. 다시 말하지만 그의 시는 자연스럽고 한편으로 무심해 보이기까지 하다. 무심한 듯 세상을 말하지만 무관심한 화자는 아니다. 세심하게 대상을 들여다보지만 집착하는 시선도 아니다. 이도 저도 아니라고 해서 어중간한 시는 더더욱 아니다. 필요한 만큼만 보여주고 들려주고 딱 필요한 만큼 감정을 드러내는 이 절묘한 균형감의 소유자가 풀어내는 시는 균형감 하나로만 다 얘기할 수 없는 무언가를 더 가지고 있는 듯하다. 그것이 무얼까? (…) 아주 편안하게 우리를 딴생각으로 몰아세우는 그의 시를 읽어나가다 보면 어쩔 수 없이 동의하게 되는 한마디가 있다. 아니 누가 먼저랄 것도 없이 내뱉고 싶은 한마디가 있다. 맞아요. 이런 시가 필요했어요. 이런 말이 필요했고 이런 정서가 필요했고 이런 시선이 필요했다는 걸 전부 다는 아니더라도 많은 이들이 동의하지 않을까? 짐작이지만 확신에 가까운 짐작으로 그의 시를 다시 읽는다. 맞아요. 나는 이것이 필요했어요.

추천사

이토록 튼튼한 마음 | 유계영(시인)

시는 오랫동안 세상과 화합하지 못하는 '나'를 긍정하기 위한 방편들을 모색해왔다. '나'와 타자, '나'와 세계가 불화하는 동안 '나'는 한없이 불행한 발명가가 되거나, 대책 없이 명랑한 광인이 되었다. 시를 칼이라고 한다면, 명랑한 광인들은 세계를 향해 칼춤을 추고 있는 것이리라. 불행한 발명가들은 칼날을 쥐고 스스로 피 흘리는 것이겠지. 고백하건대 이것은 오늘날 시의 목소리를 함부로 양분해온 나의 부끄러운 습관이다. 왜 시의 목소리는 이토록 침울하기를, 또 명랑하기를 강박하는 것일까. 나와 같은 생각으로 시 읽기가 조금 피곤해진 독자가 있다면, 조해주의 시가 가진 건강성이 시 읽기의 즐거움을 회복시킬 것이다.

    조해주는 정확한 온도를 지킨다. "너무 깊이 생각하지 않는" 대신, '아주 깊이 바라볼 줄 아는' 눈빛이 있기 때문이다. 조해주의 시는 바라본다. 일상의 장면 속에 숨어 있는, 시라는 칼을 바라본다. 유리창에 달라붙은 물방울처럼 투명하게 바라본다. 다만 바라본다는 것은 무심한 것일까. 아니다. 잘 견디고 있다는 뜻이다. 어떤 불행을 비극적 운명이라 부르지 않고, 세상과 '나'의 불화에 짐짓 발랄해지지 않으려 애쓰면서도 튼튼한 중심을 지키고 있다는 뜻이다. 물방울이 투시하는 칼은 때로 서늘하고 날카롭지만, 가끔 동그랗게 반짝거릴 수 있기 때문이다. 자신이 포착한 현상 속에서 성급히 모종의 정서를 향해 가지 않는 조해주의 시는, 자신이 바라보고 있는 장면의 희고 단단한 뼈를 우리에게도 보여준다. 여기 시가 있다고. 이것으로 우리 "다른 이야기"를, '다른 시'를 시작해보자고 말이다.

"새를 만난 적
없는 새에게"
만난 적 없는
낯선 언어와의
마주침

아침달 시집 8
육호수
『나는 오늘 혼자 바다에
갈 수 있어요』

책소개

"사물의 뉘앙스를 건져내는 감각이 탁월하다"는 평을 받고 2016년 대산대학문학상을 수상하며 작품 활동을 시작한 육호수의 첫 시집. 등단작 「해변의 커튼콜」을 포함해 총 34편의 시와 부록으로 구성된 이번 시집은 어두우면서도 경쾌한 언어로 유년 시절의 상처와 성장을 다룬다.

출판사 서평

육호수의 첫 시집 『나는 오늘 혼자 바다에 갈 수 있어요』가 아침달에서 출간됐다. 육호수는 "사물의 뉘앙스를 건져내는 감각이 탁월하다"는 평을 받고 2016년 대산대학문학상을 수상하며 작품 활동을 시작한 신인이다. 등단작 「해변의 커튼콜」을 포함해 총 34편의 시와 부록으로 구성된 이번 시집은 어두우면서도 경쾌한 언어로 유년 시절의 상처와 성장을 다룬다. 시집 곳곳에 성경 구절이 인용되고 지상과 천국의 풍경이 겹친다. 신성성을 모티프로 한 여러 시편들에서 엿보이는 비딱한 언어들은 기도 바깥의 세상으로 몸을 내밀고자 하는 시인의 의지다. "새를 만난 적 없는 새에게"라는 시인의 말처럼, 독자들은 만난 적 없는 낯선 언어와 마주하게 될 것이다.

소년기의 죄와 상처의 성장을 기록하다

육호수의 시에는 죄를 짓는 아이가 등장한다. 그 아이는 "호랑거미의 통통한 배에 플라스틱 총알을 쏘"기도 하고 "어항에 고춧가루를 쏟아버리고 울"기도 한다. 아이는 자신의 죄를 모르지 않는다. 그 아이는 "내가 깬 유리병을 대신 치우는 사람에게/ 용서를 빌 뻔"하는 아이다. 꿈에서 귀신들이 자신을 울리는 까닭에 대해 "무언가 잘못했기 때문"이라고 생각하는 아이다. 자신이 잘못했다는, 또는 잘못되었다는 것을 아는 아이는 그렇기에 "더 나빠져야지"라고 말한다. 흔히 '나쁘다'고 낙인 찍힌 아이들이 더 과장되게 나쁘게 구는 것처럼 말이다.

 죄의 기준점은 판단하는 이들마다 다르다. 비단 인간이 아니더라도 생명을 가진 존재들에게 위해를 가하는 일은 분명히 나쁜 일이지만, 어떤 이들은 물건을 망가뜨리는 것만으로도 잘못했다고 말하기도 한다. 종교적인 관점에서는 태어날 때부터 이미 다들 죄를 지은 채이기도 하다. 선함도 악함도 모르던 아이들은 잘못했다는 말을 듣는 것을 통해 처음으로 자신의 선함을 의심하기 시작한다.

 그리고 그러한 잘못들은 유년의 상처가 된다. 몸의 상처는 대개 시간이 흐르면 치유되지만, 잘못을 통해 생긴 유년의 상처들은 아이가 자라나도 치유되지 않는다. 오히려 상처도 함께 자란다. 우리가 유년의 기억에 오랫동안 매여 있는 이유일 것이다. 그래서 다 자라 성인이 된 이후에도 꿈속의 나는 여전히 "일곱 살로 깨어"난다. 어쩌면 이러한 상처들이 꿈속에서 일곱 살로 깨어난 시인이 책상 앞에 앉아 시를 쓰게 만드는 원인이지 않을까.

눈 한 송이만큼의 기적 같은 시

잘못을 통해 생긴 상처를 치유하는 방법 중 한 가지는 용서를 구하고 받는 일이다. 사람에게 지은 죄는 사람에게 용서를 빌면 되지만, 지은 적도 없는데 타고나는 죄는 누구에게 용서를 빌어야 할까. 용서를 비는 손과 기도를 올리는 손의 형상이 비슷한 것은 이 때문일 것이다.

 "목자의 아들 혹은 독사의 자식"으로서 죄를 저지르고

용서를 구하는 시인의 목소리는 "기도와 메아리 사이" 어디쯤에서 울려 퍼진다. 시집 곳곳에서 성경의 구절이 인용되고, 현실과 천국의 풍경이 서로 겹치는 것은 육호수 시의 특징 중 하나다.

육호수의 첫 시집을 순례의 시집으로 부를 수도 있겠다. 그는 「부록」에서 파울 클레의 그림에 등장하는 천사 중 하나인 '건망증이 심한 천사'에게 편지를 띄운다. 그는 편지를 통해 "이 세상의 고통이 저 거미줄만큼 가늘어질 순 없을 것입니다. 이 세상의 축복을 오늘 오후의 빛 속에 전부 가둘 수도 없을 것입니다"라고 말한다. 그리고 "마음이 마음을 놓아버린 곳에서 언제나 길이 다시 시작되었다"는 아포리아와 마주하게 된다. 그의 시 곳곳에는 유년에 심긴 어둠의 씨앗들이 번성해 있지만, 그럼에도 마냥 어둡지는 않다. 세상을 보는 그의 시선은 눈부신 빛 쪽을 향해 있으며, 종종 따뜻하다. 그의 시선이 계속해서 천사에 가닿는 것은 이 때문이다.

그의 시가 누군가에게 "눈 한 송이만큼의 기적"이 되기를 희망한다. 그것이 "죽은 시인의 수를 다 합한 것보다 살아 있는 시인의 수가 더 많은 도시"임에도 불구하고 그가 시인으로서 세상에 새로운 시집을 내놓는 까닭일 것이다.

추천사

사금파리처럼 빛나는 언어들 | 김언(시인)

육호수의 시는 경쾌하게 방황한다. 사뿐사뿐 방황할 줄 아는 언어다. 아무리 어두운 기억도 육호수의 시에 가서는 아침 햇살에 비치는 사금파리처럼 빛나는 무게를 지닌다. 그래서 가벼운데 가볍게 보아 넘길 수 없는 생채기가 유년을 떠나서도 계속 자라는 광경을 보여준다. 유년의 성장, 상처의 성장, 이 모든 것을 껴안고 있는 기억의 성장을 육호수의 시에서 새삼 목격한다. 매 시편 성장하는 그 기억에는 어두운 그림자도 있고 가벼운 발놀림도 있다. 진중한 질문도 있고 비딱한 반문도 있다. 방황하는 자의 어수선한 입이 있는가 하면 신성을 묻고 또 묻는 자의 간절한 귀도 함께 있다. 이처럼 정반대의 풍경이 하나의 시선에서 이루어지나니, 그것이 곧 육호수의 시선이자 그의 시 세계다. 감각과 사유의 절묘하고도 기묘한 균형감을 이 신예 시인의 시에서 또 한 번 맛보고 오래 음미할 것으로 믿는다.

발행일 2018. 9. 10. | ISBN 979-11-89467-05-0 (03810)
88쪽 | 125×190mm | 무선제본

우주 미아의
심정으로
써 내려간 시

아침달 시집 7
이호준
『책』

책소개

아침달 시집 7권. 이호준은 신인문학상 수상이나 신인추천, 작품 발표 등의 이력이 전혀 없는 신인이다. "건강한 시의 생태를 위해 등단자와 비등단자를 구별하지 않는다"라는 뜻으로 기획된 아침달 시집은, 신인의 경우 3인의 '큐레이터' 시인 김소연, 김언, 유계영이 투고 원고를 심도 있게 논의한 뒤 출간 여부를 결정한다. 이호준의 『책』은 이러한 기획 의도에 따라 출간이 결정된 첫 번째 시집이다.

김언이 "끝없는 우주 미아의 심정으로 써 내려간 상상력"이라고 평한 이 시집은 1957년 소련에서 쏘아 올린 인공위성 스푸트니크 2호와 관련된 픽션으로 시작해 전염병 같은 언어와 죽음에 대해 탐구한다. 흐르는 의식을 추적하는 듯한 문체는 시적 상상력과 철학적 사유를 종횡한다. 시의 제목도 목차도 없는 이 시집이 일면 정형화된 기성의 시와 책에 대한 하나의 질문이 될 것이다.

출판사 서평

아침달에서 『책』을 출간하며 시인 이호준을 소개한다. 이호준은 신인문학상 수상이나 신인추천, 작품 발표 등의 이력이 전혀 없는 신인이다. "건강한 시의 생태를 위해 등단자와 비등단자를 구별하지 않는다"라는 뜻으로 기획된 아침달 시집은, 신인의 경우 3인의 '큐레이터' 시인 김소연, 김언, 유계영이 투고 원고를 심도 있게 논의한 뒤 출간 여부를 결정한다. 이호준의 『책』은 이러한 기획 의도에 따라 출간이 결정된 첫 번째 시집이다.

김언이 "끝없는 우주 미아의 심정으로 써 내려간 상상력"이라고 평한 이 시집은 1957년 소련에서 쏘아 올린 인공위성

스푸트니크 2호와 관련된 픽션으로 시작해 전염병 같은 언어와
죽음에 대해 탐구한다. 흐르는 의식을 추적하는 듯한 문체는
시적 상상력과 철학적 사유를 종횡한다. 시의 제목도 목차도
없는 이 시집이 일면 정형화된 기성의 시와 책에 대한 하나의
질문이 되기를 바란다.

"책의 주인은 누구인가?"
독자들에게 던지는 '질문의 책'

해묵은 물음이 있다. 책의 주인은 누구인가? 주인이 있는가?
이 물음이 해묵어서 나는 책에 칼을 넣고 싶었다. 그러나
출판사의 반대로 실현할 수 없었다. 가벼운 독이라도 책장에
바르고 싶었지만 이 또한 불가능했다. 쌓인 책을 바라보고 있는
사람들은 부디 이 마음을 헤아려줬으면 좋겠다.

어린이에겐 꿈과 희망을
—저자 소개 전문

시인 이호준은 일반적으로 저자의 약력이 기입되는 책날개에
자신을 소개하는 대신 이러한 "해묵은" 물음을 남겼다.
이는 출판사의 의도가 아니었음을 출판사 리뷰를 통해 밝힌다.
그의 나이나 성별, 하다못해 전공이라도 밝히고자 하였지만
이 또한 불가능했다.
　『책』은 책의 주인에 대한 질문으로 시작된다. 저자에 대한
어떠한 정보도 없는 이 책의 실물을 본 독자들은 우선
이 책의 만듦새에 대해 의문을 가질 수 있다. 『책』은 겉표지뿐
아니라 내지까지 모두 검은색 종이를 사용했고, 본문 인쇄는
은별색 잉크로 되어 있다. 내용상 분류하자면 장시집이

발행일 2018. 9. 10. | ISBN 979-11-89467-07-4 (03810)
112쪽 | 125×190mm | 무선제본

되겠지만 시의 제목이 따로 있지는 않다. 제목이 없기에
한 편의 시라기보다는 한 권의 시라고 해야 합당할 듯하다.

『책』의 본문은 이렇게 시작된다. 책을 쓴 저자의 의도가 엿보이는
대목이다.

> 그저 얘기나 좀 하고 싶을 뿐이다.
> 백지를 바라보는 일과 백지처럼 보이는 회한에 대해.
> —5쪽

"지금 쓰고 있다는 확신과 아무것도 쓰이지 않는다는
직감" 속에서 이호준은 두서 없는 시를 시작한다. 한 편의
작품이라기보다는 한 권의 흐름이라고 해야 할 이호준의
시는 언어에 대한 자의식, 거짓과 교란을 일삼는 이야기,
죽음에 대한 성찰과 경구들, 일상 속에 떠오르는 관념들로
이루어져 있다. 연속과 분절을 거듭하며 독백에 가까운
목소리로 다양한 풍경을 이어나가는 이 시집은 관념의 어둠을
침침한 언어의 빛으로 헤쳐나가려는 무명인의 작업이며,
흔히 '백지(白紙)'라고 부르지만 이 책의 용지가 검은색이기에
형용 모순되는 공백 위에서 펼쳐지는 암투다.
　『책』이라는 제목과 책의 형태와 내용을 통해 유추할 수
있는바, 이 책의 저자는 책을 쓰기 싫은 마음과 책을
남기고 싶은 마음 사이에서 오래 고뇌했음이 틀림없다.
아마도 그가 남기고 싶었던 것은 특정한 작가의 이름표가
붙은 작품집이 아닌, 주인 없는 한 권의 책, 책일 뿐인 책,
그런 불가능한 것이었을지도 모르겠다. 그리고 세상일의
결과란 늘 협상의 한가운데서 이루어진다.

유일무이한 수신자가 된 마음으로

이호준의 시를 읽고 나서 김언은 이렇게 표현했다. "끝없는 우주 미아의 심정으로 써 내려간 상상력 (…) 눈앞에 어떤 대상도 없는 상태인데 무엇이든 불러와서 채우고 뒤트는 상상력의 장으로 역전을 시킨다." 유계영은 "너무나 매혹적이어서 함부로 요약해서는 안 될 것 같다"고 표현했다.

발행일 2018. 9. 10. | ISBN 979-11-89467-07-4 (03810)
112쪽 | 125×190mm | 무선제본

추천사

유일무이한 수신자가 된 마음으로 | 김소연(시인)

나는 이호준이 112쪽에 달하는(초고는 더 길었다) 장시를 쓰게 된 마음을 상상해본다. 시 쓰기를 관두기 위한 시 쓰기가 아니었을까 상상할 수밖에 없었다. 관두려는 그것이 시 쓰기가 아닐 수도 있다. 생각하기를 관두기 위해. 이해하기를 관두기 위해. 살아가기를 관두기 위해. 어쩌면 생과 사의 경계 바깥으로 나가버리는 존재가 되기 위해. 이호준이 감각한 이 세계는 "말을 멈추면 허물어지는 터널"(16쪽)과 같았을지 모른다.

    이호준은 마치 언어에 기반한 충전 방식으로 된 건전지를 탑재한 랜턴을 손에 든 사람 같다. 터널에 갇힌 사람이 아니라, 터널을 통과하는 사람이 아니라, 터널을 지키고 있는 사람. 거기서 나오라고, 곧 무너질 거라고, 터널 바깥에서 외치는, 사람들은 외치다 외치다 지쳐 이미 떠나버린. 혼자서 중얼거리다, 중얼거림에 대하여 중얼거리다, 점점 더 환해지는 손전등을 재미있다는 듯 괜히 멀리 비춰보는 사람.

    이 시집의 독자는 유일무이한 수신자가 된 마음으로 이 이야기를 읽어나갔으면 좋겠다. 다이얼을 조심스레 돌려, 가까스로 시그널을 포착하여 귀를 바짝 대고 재난 라디오를 듣는 듯한 마음으로. 다른 터널을 혼자 지키고 있는 것이 문득 무서워질 때.

보도자료
읽는
사람들

김소연(시인)
유희경(시인·시집서점 위트앤시니컬 대표)
전혼잎(한국일보 문화부 기자)
이참슬(채널예스 에디터)
김효선(알라딘 한국소설·시/여행 MD)
이주호(교보문고 시/에세이 MD)

버리지 못한 문장들

이주호(교보문고 시/에세이 MD)

어제는 책상 위에 쌓인 한 더미의 보도자료를 정리했다. 두 달에서 석 달 반여 간격으로 정리하고 있는데도 그사이 받은 보도자료가 쌓여 키가 한 뼘이 조금 못 되었다. 오늘 있을 신간 미팅에서 책과 보도자료를 받으면 책상 자리가 더 부족해질 것이다. 대한출판문화협회에서 발표한 '2024년 출판시장 통계보고서'에 따르면 2024년 대한민국에서 발행된 신간 도서는 64,306종이다. 단순 계산으로 매일 176권의 책이 생일을 맞이한다. 스포트라이트를 제때 조명해야 하는 인터넷서점 MD에게 구간의 기준은 가혹하다. 무대 뒤에서 출연진이 줄지어 기다리고 있다. 받은 날짜를 세세히 기억할 수 없으므로 출간 일자를 기준으로 쌓인 보도자료를 분류한다.

  오늘의 정리 기준은 하나. 구간이라 판단되어 당장 힘써볼 수 없는 책의 보도자료는 버린다. 폐기할 보도자료를 구분 짓고 나면 분리수거를 위해 하나씩 집어 올린다. 보도자료는 간단할 땐 한 장에서 보통은 서너 장이고 제한 없이 두껍기도 하다. 보도자료마다 낱장이 묶인 개성은 제각각이다. 철커덕 소리가 귀에 들리도록 각 잡힌 심이 있고 클립으로 묶여 있기도 하다. 한 출판사는 심 없는 스테이플러로만 엮어 보내온다. 철심에 손을 다칠까 염려해 끝을 감싸 보낸 곳도 있다. 받는 이를 생각해 부러 들인 배려에 감화되면서 묶인 보도자료를 풀어낸다. 보도자료는 가닿고 싶은 당신에게 보내는 서신이다.

보도자료 읽는 사람들
이주호(교보문고 시/에세이 MD)

언젠가는 읽히고 싶다는 희원이 한데 얽혀 수신자를 영원히
기다린다. 책을 관통하는 언어를 독해하고 절실히 이해한 이가
그다음 독자에게 한 글자 한 글자 귀히 적어 보낸 글이다.
단어와 문장, 간격과 지지고 볶았을 편집자가 세상에 책을
내비치기 전 말미에 적는 보도자료는 탈진을 겪으며 짜내는
마지막 안간힘과도 같으리라. 정수를 읽으며 책을 구하고
싶게 만드는 목소리를 듣고 여전히 더 따라가야 할, 책을 위하는
태도를 채우며 낮아진다. 적어야만 살아갈 수 있는 이가 있고
그 글을 엮어 책으로 내야만 하는 이가 있다. 이 책들을 독자에게
이어야만 한다.

무한히 이어져 온 궤도를 그리다 보면 캔버스 위에 끝없는
숫자를 새겨놓던 어느 예술가의 손짓이 떠오른다. 폴란드 태생의
예술가 로만 오팔카는 1965년 캔버스에 매일 같이 숫자를
쓰기 시작했다. 숫자 쓰기를 이어갔던 그는 배경에도 흰색 물감을
일정량 더해갔고 캔버스는 머리 색처럼 점차 희끗희끗해졌다.
그가 마지막 숨을 거두었을 때 숫자는 5,607,249에서 멈췄다.
거듭 이어진 그의 행위는 〈1965/1 - ∞〉라는 작품으로 남았다.
물리적인 형태로 남지 않을 뿐 출판 세계에서 책을 숭배하는
움직임은 책마다 〈1 - ∞〉까지 이어지는 염원을 만들어내고 있다.

손일을 되풀이하면서는 보도자료를 하나씩 다시 한번 빠르게
훑는다. 때로는 손에서 손으로 전해지고 멀리서 찾아오기도

한다. 레이저 프린터기로 곱게 출력해 표지가 인쇄된 부분이
유난히 반들거리는 보도자료가 있고 카피와 추천사에 매료되어
책의 귀추가 기대되던 보도자료가 있다. 요즘 출판사가
어렵다며 책을 부탁하던 영업부장님 눈빛이 떠오르기도 하고,
능력 밖의 일이라 마냥 미안한 책이 있다. 마케터가 읽다가
눈물을 지었다는 책, 기획전을 열어서라도 알려보고 싶던 책이
있다. 훑어 읽으며 밑줄을 친 문장도 미처 바빠 잘 살펴보지
못한 보도자료도 보인다. 인터넷서점에서 책을 검색해 조회하면
볼 수 있는 보도자료는 실은 이런 물성을 지닌다.

 그렇게 온 서신들을 어제 정리했다. 이상하게도 잘 팔았다고
생각되는 책의 보도자료는 다 쏟아버린 훤한 기분으로
금방 내버릴 수 있다. 하지만 미련이 남은 보도자료는 이렇게
곁에 남는다. 둔다. 엎치락뒤치락 몇 번씩 하다 보면 그제야
버릴 준비가 된다. 보도자료를 정리하는 여러 가지 방법을 시도해
보았지만 이렇게 할 때 뒷마음이 제일 깔끔하다. 책상을 치우면서
못 읽은 책에 남은 미련과 더 팔지 못한 책에 쌓인 마음의 무게도
비운다. 미안합니다. 누구에게? 대상이 너무도 많다. 그렇지만
누구보다도, 어쩌면 꼭 맞는 서로가 되어 책장을 넘기는 사이일
수 있었던 독자와 책이라는 인연에게.

 잔인하게 정리를 해버리고 말지만, 끝끝내 버릴 수
없는 것들이 있다. 책에 한 꺼풀 덧붙여진 온정이다. 때때로

보도자료 읽는 사람들
이주호(교보문고 시/에세이 MD)

보도자료와 별개로 쪽지가 꽂혀 온다. 형식적이라 느껴질 수 있는 책과 보도자료에 더해 보내오는 손글이다. 쪽지들을 업무 노트 뒷면에 꽂아둔다. 노트 뒷면은 포개어진 쪽지로 배가 불룩 불어나서 오뚜기처럼 뒤뚱인다. 쪽지가 책에 보내는 기원이 내게까지 당도해서는 잊지 마세요, 넘어지지 마세요, 설득하는 소리를 부적처럼 낸다.

    아침달에서 첫 시집을 펴내는 책의 보도자료를 한데 모아 단행본으로 출간한다. 아침달은 보내오는 책 첫 장에 인사말과 간단한 소개를 쪽지로 늘 끼워 넣어 보내오는 출판사다. 계절을 따라 다르게 고르는 인사말도, 하나하나 고른 색지도 세심한데 받아 펼쳐 볼 움직임까지 읽고 있다. 그렇게 처음을 이룬 책은 축복으로 무척이나 찬란하리라고 믿는다. '첫'이라는 이름으로 시작한 시집이 끝이 내보이지 않는 지평선까지 계속 이어지기를 바란다. 나도 그 발자국을 계속 따라 밟을 것이다. 빳빳한 새 종이에 담아 보내는 마음을 좇아 발끝이 하얗게 될 때까지.

본 아페티 (Bon Appétit)

김효선(알라딘 한국소설/시/여행 MD)

인터넷 서점에서 처음 배운 업무 중 하나는 출판사에서 발송한 보도자료를 상품페이지에 '심는' 것이었다. 행갈이를 하고 강조 태그를 반영하여 소개문을 입력하면 이 책에 관심이 있는 예비 독자는 '출판사 제공 책 소개'를 통해 책 정보를 읽을 수 있다. 이 작업에 '심는다'라는 동사를 사용하는 것이 늘 좋았다. 한 상품페이지에 뿌리내린 정보는 발견되길 고대하며 자리를 잡는다.

> 광화문 몽로라는 음식점의 메뉴판을 읽어본다.
> 6. 가지 라쟈나
> 고소하게 튀겨낸 가지를 토마토소스, 치즈와 층층이 쌓아 구워낸 음식

아직 이 음식의 맛을 모르는 식도락가는 각 단어가 층층이 쌓인 모양을 상상하며 맛을 짐작할 것이다. 튀긴 가지의 식감, 구운 치즈의 온기를 상상하는 사이 침이 고인다. 아직 읽지 못한 시를 미리 읽을 때도 꼭 이 순서로 시를 상상하게 된다. '시를 좋아한다'라고 수줍게 고백할 수 있는 독자라면 느낌이 오는 시와 느낌이 잘 오지 않는 시의 차이를 생각해본 일이 있을 것이다. 백석의 시는 소박하게 희고, 정지용의 시는 그림처럼 선명하다. 어떤 독자는 시에서 음악을, 다른 독자는 시에서

보도자료 읽는 사람들
김효선(알라딘 한국소설/시/여행 MD)

활기를 찾는다. 서점원은 독자가 좋아할 그 맛을 만나길 고대하며 보도자료를 읽어 내려간다.

　육호수의 『나는 오늘 혼자 바다에 갈 수 있어요』를 소개하는 '어두우면서도 경쾌한 언어로 유년 시절의 상처와 성장을 다룬다'는 문장의 낱말들을 골똘히 들여다본다. 어두움, 경쾌함, 유년, 성장 같은 키워드의 조합을 상상해본다. 조해주의 『우리 다른 이야기 하자』를 소개하는 유계영의 문장은 한결 경쾌하다. '시 읽기의 즐거움을 다시 회복시켜줄' 시. 벌써 군침이 돈다. 입맛을 돋우는 시, 서점원이 찾는 시다.

서점원에게 보도자료는 항상 시집보다 앞선다. 소개문으로 시를 상상한 후 실재의 시를 만나게 된다. 아직 시인의 세계를 짐작할 수 없는, 시인의 첫 시집이라면 더욱 그렇다.
　2012년 시인으로 활동을 시작한 김영미는 8년 만에 첫 시집 『맑고 높은 나의 이마』를 펴냈고, 2015년부터 시를 발표한 이날은 2023년에 『입술을 스치는 천사들』을, 2012년 시를 발표한 박술은 2025년에야 첫 시집 『오토파일럿』을 냈다. 시인은 많은 밤을 뒤척이며 첫 시집의 꼴을 상상해왔을 것이다. 시집의 최초의 독자였을 출판편집자는 그 시간에 응답하는 정확한 글쓰기를 하기 위해 고심하며 보도자료를 작성했을 것이다. 이 시집만의 아름다움을 정확히 포착해 적절한 독자에게 정확히 닿기 위해, 보이지 않는 시의 좋음을 스케치하기 위해 보도자료는 분투한다.

　나혜의 『하이햇은 금빛 경사로』의 보도자료는 약 3300자, 숙희의 『오로라 콜』의 보도자료는 약 4300자의 본문으로 한 권의 시집을 소개한다. 이 한정된 공간에 뿌려진 낱말은 시인이 어떤 작업을 해온 사람인지를 소개하고, 이 시가 어떤 독자의 마음에 붙을지를 상상하고, 첫 시집을 내는 시인을 소개하는 다른 시인의 문장을 더하고, 이 시집을 설명하기에 특히 적절한 시집 속 한 줄을 발췌해 말꾸러미를 만드느라 바쁘다.

　김선오의 『나이트 사커』를 추천한 황인찬, 한연희의 『폭설이었다 그다음은』에 발문을 더한 박상수를 보며 시 독자는 앞선 시인에 기대 새로운 시인을, 새로운 시인의 첫 시집에 기대 시인의 다음 시집을 상상하게 된다. 첫 시집 『하얀 나비 철수』의 보도자료에서 '씩씩하고 자유로운 시적 투쟁의 기록'으로 소개된 윤유나가 두 번째 시집 『삶의 어떤 기술』에 이르러 '자유와 상상의 날개로 힘차게 비상하는 시'로 날아오를 때 그의 시를 따라 읽기로 결정한 독자는 함께 날아오를 것이다.

　독자를 만날 시의 미래를 상상하며 서점원은 이제 시집을 펼쳐든다. ① 보도자료로 책 소개문을 읽고 ② 시를 읽다 밑줄을 치고 ③ 다시 책 소개문을 읽다 밑줄 칠 수밖에 없었던 그 문장이 인용되어 있음을 발견했을 때 서점원은 은밀하게 기쁘다.

보도자료 읽는 사람들
김효선(알라딘 한국소설/시/여행 MD)

주방에서 정성스럽게 조리한 음식을 테이블 위에 정중하게
내려놓는 접객원의 마음으로 이 기쁨을 소개하고 싶다. 인조이.

본 아페티

행운의 편지

이참슬(채널예스 에디터)

얼마 후면 서점에서 일한 지 꽉 찬 3년이 됩니다. 살면서 한 번도 서점 직원이 될 거라고 생각한 적이 없던 제게는 서점 직원에 대한 환상이 있었습니다. 단정한 얼굴에 걸친 안경 너머 다부진 눈빛을 가진, 몇 권의 책도 번쩍 들 수 있는 전완근을 숨긴 채 앞치마를 입고 끝없이 펼쳐진 책장 사이를 오가며 손님에게 필요한 책을 찾아주는, 퇴근 후엔 남몰래 도시를 구할 것 같은 그런 멋진 모습을 상상했지요. 상상은 현실이 되었을까요? 쏟아지는 고개를 말린 어깨로 힘겹게 받친 채 침침한 눈을 비비면서 종일 컴퓨터 화면 너머로 책보다는 책에 관한 이야기를 더 많이 읽는 서점 직원이 책상 앞에 앉아 있네요.

솔직히 고백하자면, 저는 책을 잘 모르는 채로 서점 직원이 되었습니다. 하루에도 수십 권의 신간이 쏟아지고, 분야도 분량도 국적도 다양한 이 이야기들을 어디서부터 어떻게 알아가야 할지 좀처럼 감을 잡기 어려웠습니다. 할 일이 이렇게 많은데 왜 책이 계속 나오는 거지? 제멋대로 흘러가는 인생 이대로 괜찮은가. 당연히 괜찮습니다. 모든 일에는 다 방법이 있지요. 세상이 아직 살 만한 이유입니다. 막막함에 거리를 헤매며 울고 있는 신입 서점 직원의 우편함에 어디선가 책 요정이 나타나 책을 열기도 전에 내용을 소상히 알려주는 행운의 편지를 놓고 간다면 믿으시겠습니까?

보도자료 읽는 사람들
이참슬(채널예스 에디터)

이 책은 모월 모일 최초로 출간되어……

하루에도 수 건의 신간 소식이 보도자료와 함께 메일함에 도착합니다. 보도자료는 매체에 소식을 전하기 위해 만드는 자료로, 대개 책 소개, 출판사 서평, 작가 소개, 책 내용 일부 발췌 등이 담깁니다. 서점 직원만의 특혜는 아니고, 이 내용은 서점 사이트 상품 상세 페이지에 실립니다. 보도자료를 읽어보는 것만으로 책을 열지 않고도 내용을 자세히 가늠해볼 수 있죠. 정제된 문장 안에서도 책을 만든 사람의 애정과 정보가 꾹꾹 눌러 담겨 있습니다. 좋은 것을 보고 친구에게 권하는 것을 흔히 '영업한다'라고 말합니다. 보도자료는 그 책이 나오기까지 가장 오랜 시간을 지켜본, 읽고 또 읽어 가장 좋은 부분을 고르고 골라 누구보다 많은 사람에게 닿기를 바라는 마음이 담긴 최초의 '영업 글'이기도 합니다. 친절할 뿐만이 아니라 다정하기까지 한 영업 글이죠. 저 같은 신입 서점 직원이자, 초보 독서가에게는 이보다 반가운 행운의 편지가 없습니다.

매일 보도자료를 읽다 보면 점점 더 많은 책을 마음에 담게 됩니다. 책만이 아니라 책을 만드는 사람들, 파는 사람들, 읽는 사람들은 어떤 사람일지 궁금해져요. 형형색색 눈을 뗄 수 없는 이야기가 넘치는 시대에 책을 만들어 팔고 사고 읽는 이들, 단어와 문장으로만 이루어진 이 세계를 채우고 지탱하는 이상하고 아름다운 사람들은 대체 누구일까요. 앞치마나 전완근은 없지만, 이 사람들과 가까이 있다는 것만으로도 제법 멋진 일을 하고 있다는 생각이 듭니다.

'보도'라는 단어에는 걷기 위해 마련된 길이라는 뜻도 있습니다. 저는 보도자료를 읽으면서 소복이 쌓인 눈밭에서 언젠가 뒤따라올 이들을 위해 큰 신을 신고, 앞서 발자국을 남겨 놓는 애틋한 마음을 생각합니다. 무엇을 읽어야 할지 고민이 될 때는 좋은 느낌을 주는 책을 찾아 출판사 소개 글을 읽어보세요. 이 책을 만든 사람들이 들려주고 싶은 이야기를 읽는 또 다른 재미가 있답니다. 단, 주의 사항! 눈 깜짝할 사이 너무 많은 책을 장바구니에 담아버릴 수도 있습니다.

보도자료 읽는 사람들
이참슬(채널예스 에디터)

이어 읽는 마음

전혼잎 (한국일보 문화부 기자)

　여기, 책 한 권의 존재를 상상해본다. 이 책을 세상에서 가장 많이 읽은 사람은 누구일까. 많은 이들이 이 질문의 답으로 작가 혹은 애독자를 떠올리겠지만, 그 사람은 아마도 '편집자'일 가능성이 높다. 교정 과정에서 원고를 여러 차례 읽는 데 더해 책이 만들어진 이후로도 보도자료를 쓰기 위해 또다시 이를 몇 번이나 읽는 사람이 바로 편집자다. 마찬가지로 세상에 나온 보도자료를 가장 많이 읽는 사람은 이를 쓴 편집자 자신이 아닌 '기자'일 테다. 책을 두어 번 읽을 때 적어도 서너 번, 기사가 풀리지 않을 땐 수없이 많이 들여다보는 존재가 바로 보도자료다. 마치 두툼한 책갈피처럼 책 사이에 꽂힌 채 도착한 보도자료를 읽고 또 읽는다.
　　이제는 온라인 서점에서 '책 소개'와 '출판사 리뷰' 등으로 독자도 보도자료를 얼마든지 접하는 시대. 그럼에도 여전히 '보도'라는 접두사가 붙는 만큼 기자에게는 각별한 존재다. 보도자료의 수신인이자 대중에게 이를 전할 발신인의 역할이 교차하는 공간이라서다. 이 사이에서 전해야만 하는 글을 조금이라도 더 잘 써보려는 마음을 든든히 지탱해주는 것이 바로 보도자료다. 그렇기에 이는 때론 '정답지'로 느껴지기도 한다. 문학에는 정답이 없다지만, 문학 기사에는 보편적인 맥락이 있어야만 한다. 어떤 책을 읽고 지극히 사적인 순간을 떠올렸을지라도 이런 감상을 기사로는 쓸 수 없는 것이

기자의 숙명이다. 별수 없이 국어 영역에 임하는 수험생의 자세로 글쓴이의 의도와 주제, 내용 등을 파악하려 골몰한다. 그런고로, 보도자료의 언어가 나의 감상과 비슷할 때는 천군만마를 얻은 기분이다. 만약 그렇지 않다면? 그때는 기사 마감 때까지 끊임없이 자신의 주관을 의심하며 외로운 싸움을 이어나가는 수밖에.

기자로서 마냥 보도자료를 예찬하기에는 찜찜한 구석도 있다. 책보다 보도자료를 많이 읽는다고 털어놓는 건, 일종의 직무 유기에 대한 고백이 아닌가. 어떤 편집자에게서 '보도자료를 써야 하는 이유를 모르겠다'라는 불만을 듣기도 했다. 보도자료가 아니라 책 본문을 직접 읽고 기사를 쓰라는 이야기였다. 문제는 한국의 한 해 책의 총 발행 종수가 약 7만 권(한국출판문화산업진흥원 기준)이란 점이다. 문학만 따져도 1만 권이 훌쩍 넘는다. 만 권의 책을 한 명의 기자가 다 읽기란, 아무리 시간을 쪼갠대도 불가능하다. 그렇지만 서너 장 분량의 보도자료라면, 이를 전부 들여다보는 일이 가능해진다. 그래서 출판사에서는 보도자료를 만들고, 기자는 이를 읽는다. 이런 일련의 흐름 속에서 기자의 독서는 보도자료로부터 시작된다. 마치 책의 첫 장을 펼치듯 보도자료를 읽고, 다음 장으로 넘어갈지를 고심한다. 게다가 이 첫 장은 누구보다 그 책을 많이 살핀 이가 골몰하여 묘사한 정경이다.

보도자료 읽는 사람들
전혼잎(한국일보 문화부 기자)

여러 출입처에서 보도자료를 받는다. 주로 '사건'을 설명하는 다른 기관의 보도자료와 책의 그것은 사뭇 다르다. 특히 책의 보도자료는 '공식적인 입장을 언론에 제공하기 위하여 작성한 자료'(국립국어원 우리말샘)라는 딱딱한 정의와는 먼 곳에 위치한다. 첫 문장에서부터 대개 그렇다. "자유로운 언어의 활주를 꿈꾸는 시인, 박술의 첫 시집 『오토파일럿』" "유랑을 주소 삼아 시가 틔운 불꽃을 꺼뜨리지 않고 끊임없이 이주하며 걸어온, 시인 문정희의 새 시집 『그 끝은 몰라도 돼』" "서늘하고도 애틋한 언어로 사물의 실존과 사유의 심부를 밝혀온 김소연이 다섯 번째 시집 『i에게』를 출간했다." "시집 『맑고 높은 나의 이마』를 통해, 새로운 여름의 이미지를 출력하며 시인만의 맑고도 서늘한 서정을 인상 깊게 보여준 김영미의 두 번째 시집 『투명이 우리를 가려준다는 믿음』"

소중한 존재를 오래도록 생각한 티가 역력한 언어를 외면하기는 쉽지 않다. 이런 문장을 마주하면 책을 쓴 작가, 또 책을 읽고 보도자료를 쓴 편집자를 지나 기자가 이를 읽는 순간까지 이어지는 흐름을 끊고 싶지 않다는 욕심이 슬그머니 자라난다. 이런 이어달리기의 배턴을 받는 마음으로 보도자료를 읽고, 또 당신의 손에 건네는 마음으로 오늘도 기사를 쓴다. 기사 송고 버튼을 누르기 전, 보도자료를 한 번 더 살피는 일도 잊지 않은 채로.

보도자료 (쓰기)의
싫(었)음에 대해

유희경 (시인·시집서점 위트앤시니컬 대표)

보도자료. 왜 그토록 쓰기 싫었을까. 왜긴 자꾸 혼났으니 그렇지. 편집자로 아홉 해를 사는 동안 내내 시달렸다. 책을 만드는 과정은 그에 비하면 즐거웠다. 꾸벅꾸벅 졸면서 교정을 볼 때도, 책의 제목을 두고 저자와 줄다리기를 할 때도, 표지 디자인이 결정될 때까지 전전긍긍할 때도 나는 보도자료를 생각했다. 그보다 낫지. 차라리 좋아, 생각했다. 출간 알림 보도자료 쓰기에서 해방된 지 아홉 해가 지났다. 쓰기가 감각의 영역이라면, 나의 보도자료 쓰기 감각은 있는 대로 쇠퇴했을 것이다. 거기엔 자의가 포함되었다고 생각한다. 나는 책을 만드는 모든 과정에서 무엇보다 보도자료 쓰기로부터 힘껏 내달려 도망쳤다. 이제 와 돌아보면 아득한 추억이다.

"보도자료는 문학 작품이 아니에요." 나의 선배들은 내가 쓴 보도자료 초안을 돌려주며 타이르곤 했다. 돌려받은 종이 위엔 빨간 펜으로 적힌 첨삭이 한가득이었다. 맞춤법, 띄어쓰기에 대한 교정이라든가 문장에 대한 교열 정도만이라면 얼마나 좋았을까. 그런 경우는 거의 없었다. 문단이 통째로 날아가는 경우도 허다했다. 가장 무서운 문장 부호는 물음표였다. 물음표. 시인에게는 익숙한 반응. 그러나 보도자료는 문학 작품이 아니라고 하니까, 시는 더구나 아니라서 괴로웠다. 읽고 쓰며 사는 동안 글 위에 물음표가, 이토록 적나라하게,

보도자료 읽는 사람들
유희경 (시인·시집서점 위트앤시니컬 대표)

나열된 적이 있었던가. 학생 때든 시인으로 데뷔하고 나서든
그럴 일은 없었다. 제출하면 끝이었다. 검토 받는 글쓰기에
대한 경험이 일천한 탓이며 나의 경우만은 아닐 것이다,
믿은 적도 있다. 그러나 내 보도자료는 좀처럼 나아지질 않았다.
곁눈질한 다른 사람들의 보도자료에는 물음표가 없었다.
얼굴이 빨개지고 말았다. 차라리 인쇄 사고라도 났으면, 그래서
출고일이 미루어졌으면. 몹시 못된 마음도 가진 적 있다.

이 괴로움을 기자들은 알기나 할까. 그렇긴커녕 읽지도
않을 것 같았다. 물론 사실이 아니었다. 한 술자리에서 만난
기자는 내게 누구누구 보도자료가 참 좋더라, 사람 속도 모르고
칭찬하기도 했다. 큰일이었다. 애써 만든 책이 기사도,
독자 반응도 얻지 못할 때 그건 모두 내 탓인 것만 같아서.
보도자료 쓰기 노이로제는 날이 갈수록 심해졌다. 회사에선
태연한 척 굴었지만, 더러 악몽을 꾸기까지 했다. 경력이
쌓여 후배가 생겼을 적에 나의 걱정은, 내가 쓴 형편없다는
보도자료를 그가 읽게 된다는 것이었다.
    이제와 생각해보면 나는 보도자료 쓰기에 쓸데없이
자존심을 걸었던 것이다. 빠알간 쑥대밭을 두고 한숨만 내쉬다
자정을 넘긴 밤, 비참을 느꼈던 건 그 때문이겠다. 아무도 없는
사무실에서 직장 상사의 빈 자리를 이따금 노려보면서

어떻게 내 문장을 부정할 수 있는가, 우습지도 않은 분노와
오기에 사로잡혔다. 이제는 안다. 보도자료는 나를 위한
글쓰기가 아니라는 사실을. 보도자료는 세상 그 어떤 글보다
독자를 위한 글쓰기이고, 그러므로 글을 쓰는 주체는
한없이 투명해야 하며 거기에는 싫음도 좋음도 있을 수 없고
오직 필요만이 존재한다는 것을.

서점을 운영한 지 아홉 해. 그러니까 보도자료 쓰기에서 달아난
지 아홉 해. 그동안 서점지기의 입장으로 수많은 인터뷰를
해보았으나 누구도 묻지 않은 질문이 있다. '서점을 운영하고
있다는 사실을 언제 실감하시나요'쯤이 될 것이다. 언젠가
받을 수도 있을 이 질문에 답을 나는 진작 마련해두었다.
'더는 보도자료를 쓰지 않아도 된다는 실감에 있는 것 같군요.'
　　이 대답의 팔 할은 후련함이다. 그리고 나머지 이 할은,
스스로도 믿기 어렵지만, 섭섭함이라고 해야겠다. 어쩌면
나는 이제야 보도자료를 잘 쓸 수 있을지도 모른다는 자신감을
얻었는지도 모른다. 그간 수천수만 권 책을 팔아보았으니까,
어떤 자료가 보도에 또 판매에 도움이 될 수 있는지 짐작할 수
있으니까. 아니다. 바로 번복하고 싶다. 나는 어떤 자료가 보도나
판매에 도움이 되는지 모른다. 9년이나 책을 팔았는데도
독자의 마음은 알다가도 모르겠다. 그러니 선택에 보탬이 되는

195

보도자료 읽는 사람들
유희경 (시인·시집서점 위트앤시니컬 대표)

글이라는 게 실재하는지 여전히 의심스럽다. 그럼 이 이 할의
마음, 개구리 올챙이 적 생각을 못하는 심사는 무엇이고
어디서 오는 것일까.

아마 나의 깨달음, 독자를 위한-내 것이 아닌 투명함,에 바탕을
마련한 것이리라. 그러니까 나는 보도자료를 잘 쓸 수 있다고
믿는 게 아니라 보도자료를 잘 쓰고 싶다고 바라는 것이다.
이런 충동은, 물론 이를 욕망이라고 부를 수 있다면 말이지만,
이따금 메일함에 깃들곤 하는 아침달 친구들의 시집 출간을
알리는 보도자료를 읽으면서 생겨났다. 그들의 보도자료는
다분히 문학적이다. 메일에 첨부된 파일을 열어 읽을 때마다
나는 슬쩍 웃고 만다. 그대들도 윗사람에게 혼이 나진 않았는지,
보도자료 초안 위가 붉은색 글씨로 뒤덮이진 않았는지
싶어서이다. 얼마나 괴로웠을까, 안쓰러우면서 알 수 없이 끌린다.
　물론 그럴 리 없다. 내가 읽는 아침달의 보도자료는 감출 수
없이 유려하고 아름다우니까. 그러면서도 그들은 원칙을 지킨다.
독자를 위할 것. 내 것이 아닌 투명함을 지닐 것. 실상 책이란
그런 것이 아닌가. 수겹의 투명한 노력이 포개져서 남다른 색을
갖는 일. 그것이 이 세계에 없는 것이어서 빛나게 되는 물체이자
정신. 그러므로 보도자료는 그를 적극적으로 응원하며,
보도자료 쓰기는 한 세계의 도래를 축복하는 화답이 아니겠는가.

내게 아침달 시집의 보도자료가 지닌 문학성은 이런 것이다.
이런 노력은 결코 혼날 일이 없으며 빨간 펜 첨삭도 있을 수 없다.

편집자 생활 9년 동안 이를 제대로 해내지 못했다는 자책을
숨기기 어렵다. 어쩌면 남은 이 할은 후회인지도 모른다.
만약 다시 신간 보도자료를 쓰게 된다면, 사람 일을 모르는
거니까 구 년을 내달려 도망친 자리로 돌아가게 된다면
역시 나는 어려워할 것이다. 10년이 아니라 20년을 내리
썼더라도 보도자료는 어렵겠지. 오직 독자를 위한 쓰기가,
투명해지려는 노력이 쉬울 리 없다. 하지만 내 노력은
분명 다른 방향을 가지게 될 것이다. 도드라져 보이기가
아니라 침잠하기. 읽는 사람의 마음속 깊은 곳에 가라앉은
돌멩이처럼 남아 있기. 내가 아는 문학은 이런 것이다.
  작지만 결코 사소하지 않은 바람을 하나 내비춰본다.
기자들이, 또 독자들이 책을 고를 적에 보도자료를 읽어주었으면
한다. 누구보다 열심히 책을 살핀 사람의 한마디에 귀를
기울여주었으면 좋겠다. 아름다운 표지나 와닿는 제목 너머 진심
이것이야말로 책 만들기가 가진 노력이니까. 거기에는
"나란히 앉아 함께 기다려주며 서로 다른 것을 보"는 기분과
"같은 곳에서 서로 본 것을 다르게 이야기하는" 즐거움이 있다.
그제야 비로소 함께 "머물러 있"는 "세계는 미묘하게

보도자료 읽는 사람들
유희경(시인·시집서점 위트앤시니컬 대표)

어긋나며 한층 더 깊어진다." "새로운 약속"(이새해 시집
『나도 기다리고 있어』 보도자료 인용)이 마침내 도래하게 된다.
책으로 책을 만드는 마음으로.

코트 안쪽의 솔기처럼

김소연(시인)

좋은 시집이 너무 많다. 좋은 시인이 많기 때문이다. 그 많은 시집을 다 읽을 수는 없다. 시를 아무리 좋아하고 시간이 아무리 많다 해도 다 읽는다는 건 불가능하다. 어떤 시집은 시인 때문에 반드시 읽게 되지만, 어떤 시집은 제목 때문에 손이 간다. 어떤 시집은 인터넷 서점에서 보도자료를 읽고서 호감이 생긴다. 보도자료에는 시인이 여태껏 수행해온 활동과 시집의 키워드, 그 시집의 해설, 그리고 시 속의 결정적 문장들이 집약되어 있다.

나는 아침달에서 나온 시집을 한 권도 빠짐없이 읽어왔다. 시집의 보도자료도 빠짐없이 챙겨 읽어왔다. 아침달의 보도자료는 대부분 시인이 쓴다. 송승언과 서윤후와 이기리. 이 시인들은 편집자의 입장에서 자신의 이름을 기입하지 않고 자신의 숨결을 덜 담으려 노력하고 썼다. 이것에 호감이 생긴다. 드물기 때문이다. 드문 것이 항상 고귀한 건 아니지만, 이 경우는 거의 그렇게 느껴지는 것 같다.

나는 시집의 보도자료를 읽을 때마다 엿본다. 시인이 어떤 태도로 언어를 바라보고자 하는지, 언어가 이 세계와 어떤 작용을 일으키기를 바라는지 등의 염원 같은 것을 엿보게 된다는 뜻이다. 아침달 시집의 보도자료는 시집을 출간하는 시인의 염원에 시집을 만드는 편집자 시인의 염원이 미량 추가돼 있다. 마치 코트 안쪽의 솔기처럼, 셔츠의 단추처럼, 누군가의 얼굴을

보도자료 읽는 사람들
김소연(시인)

오래 들여다볼 때야 보이는 점 하나처럼, 혹은 속눈썹이 만드는 그림자처럼. 이 미량의 그림자를 감지하는 기쁨이 있다.

    시집은 대체로 이해가 호락호락하지는 않은 책이므로, 시집의 보도자료는 시인이 이미 보여준 세계를 드러내기도 하지만, 충분히 보여준 적 없는 세계까지 그 가능성을 미리 포착하는 의무가 주어지기도 한다. 시를 조금 더 견인해서 독자 쪽으로 반걸음 정도를 옮겨가는 것이다. 시인의 손을 슬며시 잡고서 독자를 향해서 반걸음을 옮기는 글쓰기. 이 행위를 지켜보는 일은 동료 시인으로서, 그리고 시를 가장 사랑하는 독자로서 기쁨이 아닐 수 없다.

    시인은 일상을 파괴할 듯이 육박해오는 현실로부터 도망가지 않고 미래를 상상한다. 그리고 "나의 미래는 그것이어야 한다"라고 시인이 선언할 때, 이 무수한 웅성거림이 가득한 시의 공간은 대결이 벌어지는 링 위이거나 동질감을 느끼는 무리들의 파티장이 된다.

『하이햇은 금빛 경사로』라는 첫 시집을 선보이며 등단한 시인 나혜에 대해 보도자료는 위와 같이 적고 있다. 이 문장은 그대로 시가 아닌가. 시인 나혜 고유의, 명랑한듯 침울하고, 추락하는듯 비상하는, 현실에 짓눌림을 핍진하게 드러냄과

동시에 "미래"를 향해 초월해나가는 활발한 시적 에너지가
이 아름다운 보도자료의 문장을 낳게 했다. 빛나는
첫 시집에는 늘 새로운 시대에 축배를 건네는 "파티"의 흔적이
있다. 자가동력 장치처럼 스스로의 운동성만으로 미래의
불빛을 밝히고자 할 때만 새어 나오는 밝기가 있다.
이 기쁜 소식을 보도자료는 전하고 있는 것이다. 동료 시인이자
담당 편집자로서. 한 권 시집을 향해 한 사람이 작성한
코멘트지만, 모두의 모토가 된다. 모든 시인이 함께 상상하고
감각하게 될 마음가짐이 되기도 하고, 모든 시 애호가가
시에 기대하는 지표가 되기도 하고, 동시대를 함께 살아가며
"무수한 웅성거림"을 낳고 있는, 낳고자 하는, 낳은 적 있는,
모든 이들을 모으는 자력이 되기도 한다.

아침달의 시집은 우리 시의 현주소를 가장 정확하게
드러내는 지표생물과 같다고 누군가가 말하는 걸 들은 적이
있다. 듣던 순간에 나는 치우친 칭찬의 말이라 느꼈지만,
아침달 시집의 보도자료를 모아놓고 다시 읽어본다면
수긍하고도 남겠다 싶다. 특히, 첫 시집이 출간될 때마다
그 미지의 세계를 요약하고 전달해온 편집자의 마음이란……
아니, 시인의 마음이란……. 이 모음집은 시인 스스로가
스스로에게, 시 독자 스스로가 스스로에게, 간절히 바라지만
입 밖으로 발화하면 이루어지지 않을까봐 안으로 삼켜온

보도자료 읽는 사람들
김소연(시인)

약속과 염원 들의 총합이지 않을까.

아침달
출간 목록 2018. 9.–2025. 6. 현재

204

시집	1	유희경	『당신의 자리-나무로 자라는 방법』
	2	유진목	『식물원』
	3	오은	『나는 이름이 있었다』
	4	김언	『숨쉬는 무덤』
	5	서윤후	『휴가저택』
	6	유형진	『우유는 슬픔 기쁨은 조각보』
	7	이호준	『책』
	8	육호수	『나는 혼자 바다에 갈 수 있어요』
	9	김소연	『i에게』
	10	조해주	『우리 다른 이야기 하자』
	11	김영미	『맑고 높은 나의 이마』
	12	최정례	『햇빛 속에 호랑이』
	13	창작동인 뿔	『한 줄도 너를 잊지 못했다』
	14	김소형	『좋은 곳에 갈 거예요』
	15	윤유나	『하얀 나비 철수』
	16	김선오	『나이트 사커』
	17	한연희	『폭설이었다 그다음은』
	18	원성은	『새의 이름은 영원히 모른 채』
	19	민구	『당신이 오려면 여름이 필요해』
	20	유계영	『지금부터는 나의 입장』
	21	이제재	『글라스드 아이즈』
	22	유희경	『이다음 봄에 우리는』
	23	박규현	『모든 나는 사랑받는다』
	24	고민형	『엄청난 속도로 사랑하는』
	25	이훤	『양눈잡이』
	26	이영주	『그 여자 이름이 나하고 같아』
	27	홍인혜	『우리의 노래는 이미』
	28	성윤석	『그녀는 발표도 하지 않을 글을 계속 쓴다』
	29	구현우	『모든 에필로그가 나를 본다』
	30	이은규	『무해한 복숭아』
	31	박시하	『8월의 빛』
	32	김영미	『투명이 우리를 가려준다는 믿음』
	33	김도	『핵꿈』
	34	이날	『입술을 스치는 천사들』
	35	양안다	『몽상과 거울』
	36	신수형	『무빙워크』
	37	숙희	『오로라 콜』
	38	나혜	『하이햇은 금빛 경사로』
	39	이유운	『유리유화』
	40	김은지	『아주 커다란 잔에 맥주 마시기』
	41	기원석	『가장낭독회』
	42	김동균	『재재소소』
	43	황성희	『너에게 너를 돌려주는 이유』

시집	44	차유오	『순수한 기쁨』
	45	문정희	『그 끝은 몰라도 돼』
	46	이새해	『나도 기다리고 있어』
	47	박술	『오토파일럿』
	48	장이지	『오리배가 지나간 호수의 파랑』
	49	윤초롬	『햇빛의 아가리』
	50	심보선	『네가 봄에 써야지 속으로 생각했던』
시선집		허연	『천국은 있다』

산문집		유희경	『반짝이는 밤의 낱말들』
		목정원	『모국어는 차라리 침묵』
		이수명	『나는 칠성슈퍼를 보았다』
서간집		강지혜, 이영주	『우리는 서로에게 아름답고 잔인하지』
시산문집		이유운	『변방의 언어로 사랑하는』
		김선오	『미지를 위한 루바토』
		조은	『고양이의 골골송이 흘러나올 게다』
		최다정	『한자 줍기』
		이규리	『사랑의 다른 이름』
		황예지	『아릿한 포옹』
		김언	『오래된 책 읽기』
		김승일	『지옥보다 더 아래』
		하루	『하루의 책상』
		최다정	『시가 된 미래에서』
		김언	『사유노트』

앤솔러지		유계영 외 19인	『나 개 있음에 감사하오』
		권민경 외 17인	『그대 고양이는 다정할게요』
		임유영 외 14인	『사랑에 대답하는 시』
		금정연 외 12인	『어린이의 마음으로』
		박서련 외 2인	『사물들(랜드마크)』
		문보영 외 3인	『어떤 마음은 딱딱하고 어떤 마음은 물러서』
		권누리 외 10인	『케이크 자르기』

	아침달 편집부	『여름어 사전』
일상시화 시리즈	서윤후	『고양이와 시』
	박소란	『빌딩과 시』
	윤유나	『잠과 시』
	유희경	『사진과 시』
	김소연	『생활체육과 시』
	서효인	『이웃과 시』
	안미옥	『빵과 시』
그림책	엄주	『악몽수집가』
그림에세이	쩡찌	『땅콩일기 1』
		『땅콩일기 2』
		『땅콩일기 3』
	김범석	『제로노트』
	김성라	『쓸쓸했다가 귀여웠다가』
	박공원	『작고 귀여운 내향』
사진산문	목정원	『어느 미래에 당신이 없을 것이라고』
	이옥토	『처음 본 새를 만났을 때처럼』
	아침달 편집부	『첫선-아침달 첫 시집 보도자료 모음집』

아침달
첫 시집 보도자료 모음집

첫선

1판 1쇄 펴냄 2025년 6월 18일

펴낸이 손문경
펴낸곳 아침달
편집 서윤후, 정채영, 이기리
디자인 정유경, 김정현, 한유미

출판등록 제2013-000289호
주소 04029 서울시 마포구 양화로7길 83, 5층
전화 02-3446-5238
전자우편 achimdalbooks@gmail.com

© 아침달, 2025
ISBN 979-11-94324-50-8 03810

이 도서의 판권은 지은이와 출판사 아침달에 있습니다.
양측의 서면 동의 없이 책 내용의 전부 혹은 일부의 재사용을 금합니다.